Pepo

Gabriel Sundukyan

ՊԵՊՈ

ԳԱԲՐԻԵԼ ՍՈՒՆԴՈՒԿՅԱՆ

Pepo

Copyright © 2014, Indo-European Publishing

All rights reserved.

Contact:
IndoEuropeanPublishing@gmail.com

ISNB: 978-1-60444-801-6

ISNB: 978-1-60444-801-6

ՊԵՊՈ

ԿԱՏԱԿԵՐԳՈՒԹՅՈՒՆ ԵՐԵՔ ԱՐԱՐՎԱԾՈՎ

1870

«Պեպո» կատակերգությունը նվիրված է մեծարգո պարոն Գեորգ Չմշկյանին հետևյալ առաջաբանով.

ՍԻՐԵԼԻ ԳԵՈՐԳ

Դու վաղուց խնդրում էիր ինձ՝ մեկ բան գրել թատրոնի համար մեր Թիֆլիզի «պաժարնիների» կյանքից:
Երկար ժամանակ ես չէի կարողանում գտնել նյութի առարկա, թեև քո պատվերը երբեք մտքիցս չէր հեռանում:
Բայց պատահմունքը վճռեց գործը:
Մեկ օր թատրոնում ներկայացնում էին հանգուցյալ Փուղինյանցի Մոլիերից փոխադրած «Վուր տրաքվիս, պիտի պսակվիս» կատակերգությունը, որի մեջ դու կատարում էիր Շամիրի դերը:
Քո հագուստը, դեմքը, շարժվածքը, խաղը, ձայնը այն դերի մեջ, հանկարծ մտքումս ծագեցրին հարց թե՝ ի՞նչպես կվարվեր Շամիրի նման մարդն այնպիսի դեպքում, երբ մեր հարստահարողներից մեկը փող պարտ լիներ նրան և չկամենար ճանաչել իր պարտքը:
Պեպոյի հիմը զգվեց, մնացածն ինքն ըստ ինքյան եկավ, նամանավանդ այնպիսի մեկ դիպված, որ այն ժամանակներում ես անձամբ փորձել էի (մեկ հարուստ ինձ տված խոսքն ուրացել էր), արդեն նախապատրաստել էր իմ գլխում Պեպոյի հակառակորդի պատկերը:

Կազմելով (հետզհետե երևակայությանս մեջ պիեսի կապը և նրա հերոսների տիպերը, ես ի նկատի ունեցա, որ այն դասի մեջ, որի զանազան ներկայացուցիչներին այստեղ արհամարհանքով անվանում են՝ «պաժարնի, լոթի, կինտո», կան մարդիկ, որոնք իրանց բարոյականությամբ, մեծահոգությամբ և վեհանձնությամբ կարող են օրինակ լինել շատ և շատ բարձր դասին պատկանող մարդկանց: Այս պատճառով Շամիրի բնավորությունը պիեսումս մարմնացավ Կակուլու մեջ, իսկ նրանից բարձր տիպը՝ միևնույն դասի, ես իմ կարողության չափ աշխատեցի ցույց տալ Պեպոյի մեջ:

Երբ ես մոտավորապես պատմեցի քեզ Պեպոյի բովանդակության գլխավոր միտքը, այն օրից սկսած՝ դու էլ ձեռք չվեր առար ինձանից, ստվերի պես հետևում էիր ինձ՝ աշխատելով շուտով և շուտով հանել իմ գլխից քո սիրեկան Պեպոյին և գրչի տալ իմ խոսքերը:

Եվ ահա, 1870 թվի սկզբում, դու, ըստ սովորականին, վեր առար թուղթ ու գրիչ, և ես սկսեցի թելադրել քեզ Պեպոն, որը թեև շուտով ընդմիջվեց, բայց հիշյալ թվի հուլիս ամսին միևնույն ձևով շարունակվեց և վերջացավ Կրծանիսում:

Թերթելով այժմ Պեպոյի սկզբնական օրինակը, ես գտնում եմ, որ համարյա ամբողջ պիեսը քո ձեռքով է գրված, բացի մի քանի տեսիլներից, ուր քո բացակայության ժամանակ օգնել են ինձ պ. Զաքարիա Բաբանասյանցը և մեր թատրոնի տաղանդավոր աշխատակից պ. Հովհաննես Ամերիկյանը:

Շնորհակալություն հայտնելով հիշյալ անձանց, նամանավանդ, պ. Ամերիկյանին, որ ուրիշ շատ անգամ ևս օգնել է ինձ իմ թատերագրական ասպարեզում, ես չեմ կարող մոռանալ այն աշխատանքն ու անձնանվիրությունը, որ դու կրել ես՝ թե՛ ներկա հեղինակությանս և թե այլ գրվածքներիս մեծ մասի մեջ:

Բայց այժմ խոսքս միայն Պեպոյի մասին է:

Քանի՛ և քանի անգամ՝ գործդ թողած, ամառային շոգ

պապանաքին, ուռով եկել ես Կրծանիս և գնացել. քանի քանի անգամ հետդ խորհրդակցել եմ, օգուտներ քաղել քո խորհուրդներից և ձանձրացրել քեզ իմ ծանր ու բարակ մասլահաթներով. քանի՜ և քանի անգամ ամբողջ ժամերով, գրիչը ձեռքիդ, անշարժ նստած ես եղել սեղանիս առաջ՝ ձևացնելով քեզ մեկ գրող մեքենա, երբ ես հեղինակելով՝ բոլոր իմ շարժվածքների ազատությունն եմ վայելել, ՛քանի՛ և քանի անգամ երբեմն արագությամբ թերթեր ես լցրել իմ խոսքերով և ստեպ-ստեպ համձությունդ ցույց տալով, ուժ ես տվել ինձ շարունակելու, երբեմն էլ հոնքերդ տոթելով՝ կամ տասն անգամ կրկնել ես միևնույն վերջին խոսքերս, կամ լուռ ու մունջ մնացել, առանց մեկ բառ. արտասանելու՝ կամենալով արգելք չդնել մտքիս ընթացքին: Ո՞վ իմանա՝ ի՛նչ մտքեր են ծագել քո մեջ այն ժամանակ, ի՛նչ մտքեր ես կլանել, ի՛նչ մտքեր զոհել, երբ ես, ուղեղս փորելով, աշխատելիս եմ եղել իմ միտքն արտահայտել, իմ խոսքերը գեղեցկացնել: Միով բանիվ՝ քո կամքը ենթարկել ես իմ կամքին, քո սովորություններն իմ սովորություններին, քո ժամանակն իմ ժամանակին, քո աշխատանքն իմ աշխատանքին, և այս բոլորը, բոլորը միայն նրա համար, որ Պեպոն շուտով լույս տեսնի, դու քո սիրեկան թատրոնի համար մեկ նոր պիես ճարես: Մտաբերելով անցյալը, մտաբերելով այն ժամերը, երբ Պեպոն գրվում էր, երբ՛ մեր մտերիմ խոսակցության մեջ Պեպոյից մենք անդադար անցնում էինք դեպի նրա եղբայրակիցները, նրանցից դեպի ժողովուրդը, ժողովրդից դեպի ազգը, ես խոստովանում եմ, որ այն ժամերը միշտ կմնան իմ կյանքիս ամենաերջանիկ ժամերը:

Հիշո՞ւմ ես, սիրելի՛ Գեորգ, այն առավոտները, երբ արեգակը, գլուխը դուրս բերելով հեռու հորիզոնում, մեկ առանձին լույս էր թափում ծառերի տերևների ու դիմացի սարի վրա, մի՞նչդեռ հազարավոր թռչունների կանուխ երգը շատ անգամ խոսքս բերանիս կիսակտուր թողնելով, տանում էր մեզ կարծես ուրիշ աշխարհ: Հիշո՛ւմ ես բարեկամների այն փոքրիկ խումբը, որ շարունակ հավաքվում էին իմ ընտանիքում, այն հանաքները, ծիծաղը, ուրախությունը, Ցագոռի երևակայական (սարի օմքնիրը, Եռմանեի ճիանուրը, խեղճ Ցավանգուլի բայաթիները, ձկնորս Լոփիանի պարը, քո արնեստայի բարբարոսական եղանակով երգած՝ «Ինձ ու իմ, սիրեկան յարին», Ամերիկանի երգերը, նրան ընծայած սարսափելի փունջը, և այլն՛ և այլն... Բոլորն ուներ իր գեղեցկությունը, իր հիացքը, մի՞նչև անգամ այն անտանելի՛ սև միջատների անթիվ զորքը, որ մոմի առաջ հավաքվելով մեր գլխին, մանավանդ քո գլխին, շատ անգամ առիթ էին լինում Պեպոյի թերթերը ցիր ու ցան անելու:

Հիշում ես դու Թելեթի այն բազմաթիվ ուխտավորներին, որոնք կիրակի առավոտները ժամը չորսից սկսած, ներկայացնելով իրանցից մեկ գեղեցիկ գունավոր ժապավեն, անցնում էին մեր բնակարանի առաջից և բարձրաձայն պատմում միմյանց իրանց վշտերը: Քանի իսկական Շուշան ու Կեկել, քանի հատուկ Պեպո և Կակուլի ենք տեսել նրանց թվում: Ես երբեք չեմ մոռանալ այն խոսքերը, որ մեկ կին, նայելով մեր պատշգամբին, ասաց իր ընկերուհուն՝ «Էստի մտիկ, սրանք բաղումն էլ դիվաններով ին, ես կի տանս մի կոտրած սկամի էլ չունիմ» և այս դառը խոսքերը նա կնքեց ուրախ ծիծաղով, կարծես թե խեղճի ուրախության աղբյուրը նրա խեղճությունը լիներ:

Քանի այսպիսի դատողություններ են արտահայտել նրանք, քանի մտքեր են զարթեցրել նրանց զանգատները: Ճշմարիտն ասած, տեսնելով այդ մարդկանց, լսելով և համակրելով դրանց, հարկավոր էր ինձանից շատ և շատ վարպետ նկարիչ, որ կարողանար արժանավոր գույներով նկարել դրանց:

Բայց երբ մարդ, ապրելով ժողովրդի մեջ, նրա ուրախության հետ ուրախանում է, նրա տրտմությամբ տրտմում, և այս զգացմունքները նա կարողանում է փոքր ի շատե պատկերացնել, այդ էլ, արդարև մեծ բավականություն է:

Ի՞նչևիցե, ժամանակը հասավ, Պեպոն ներկայացրինք թատրոնում առաջին անգամ 1871 թվի ապրիլի 30-ին:

Պեպոյի դերը դու ինքդ կատարեցիր և կատարում ես ցարդ՝ բեմի վրա:
Դու տվիր նրան շունչ և կենդանություն, քո խաղը գերազանցեց գրվածքից, իսկ պ. Ամերիկյանը, որ ներկայացնում էր Պեպոյի հակառատկորդի պատկերը, և մյուս մասնակցող անձինք իրանց հանճարավոր խաղով օգնեցին մեզ ավելի պարզ ցույց տալու հարըստահարված Պեպոյի համակրական ոգին:
Այն ծափահարությունը, այն ընդունելությունը, որ առաջին ներկայացման օրը ստացա հանդիսականներից թատրոնում, ես արդեն բաժանել եմ քեզ և քո ընկերների հետ:
Այժմ թո՛ւյլ տուր ինձ, սիրելի՛ Գեորգ, խնդրել քեզ՝ ընդունել և այս նվազ նվերս իբրև հիշատակ քո չափազանց աշխատության և հարկ քո անսահման սիրույն դեպի մեր թատրոնը:

Քո ԳԱԲՐԻԵԼ ՍՈՒՆԴՈՒԿՅԱՆՑ

Թիֆլիզ
06 նոյեմբերի 1876թ.

ԳՈՐԾՈՂ ԱՆՁԻՆՔ

ԱՐՈՒԹԻՆ, հարուստ վաճառական
ԷՖԵՄԻԱ, Արութինի երկրորդ կինը
ՊԵՊՈ, ձկնորս
ՇՈՒՇԱՆ, Պեպոյի մայրը, այրի կին
ԿԵԿԵԼ, Պեպոյի քույրը
ԳԻՔՈ, Պեպոյի ազգական
ԿԱԿՈՒԼԻ, Պեպոյի բարեկամ
ԳԻԳՈԼԻ, Արութինի դուքնի աշկերտ
ՍԱՄՍՈՆ, Արութինի տանու ծառան
Երկու այլ ծառա Արութինի տանը

Առաջին և երրորդ արարվածները կատարվում են Պեպոյի տանը, իսկ երկրորդը՝ Արութինի տանը։

Անցքը պատահում է Թիֆլիսում 1870թ.-ին։

ՆԿԱՐԱԳՐՈՒԹՅՈՒՆ ԳՈՐԾՈՂ ԱՆՁԱՆՑ

ԱՐՈՒԹԻՆ. 60 տարեկան, միջին հասակով և կազմվածքով, երեսը կարմիր, լիքը և ածելած։ Սև. ներկած կարճ մազեր, հաստ հոնքեր և խուզած բեխեր։ Եվրոպական հագուստ։ Սպիտակ շապիկ, գունավոր փողկապ, նույնպիսի ժիլետ և պանտալոն։ Սև սերթուկ գլխարկ ցիլինդր։ Ոսկե ժամացույց ոսկե շղթայով։ Գործ է ածում գունավոր մետաքսե թաշկինակ, փոքրիկ դեղին սաթե համրիչ և ծոցի մեջ պորտմոնե: Շարժվածքը, ման գալն ու խոսվածքը ծանր: Ըստ երևույթին պատվավոր անձն:

ԷՓԵՄԻԱ. 30 տարեկան, գեղեցիկ և վայելչակազմ կին, շեկ մազերով: Եվրոպական մոդայի ամենաշքեղ բայց կապույտ հագուստ, վրացնակ գլխով (չիքիլա, ոսկեկար ճակտի աղլուխ և այլն): Զարդարված է ոսկե ժամացույցով, երկար շղթայով և զանազան ակնեղեններով: Պարանոցին կարմիր բանտ: Խոսակցությունը, շարժվածքը և ման գալը արագ ու կրակոտ: Շատ է քրքրվում:

ՊԵՊՈ. 35 տարեկան, թուխ և գեղեցիկ դեմքով, բարձր հասակով) ամուր կազմվածքով և լայն կրծքով: Սև կարճ մազեր, ճակատի վրա բերած, բարակ հոնքեր և բեխեր երեսն ածելած: Ունի երկու ձեռք Թիֆլիզի բուն լոթու հագուստ՝ մինր հասարակ, մյուսը զարդի: Առաջինն է՝ չթե կամ սպիտակ շապիկ. Մուգ - կապույտ դոշլուղ, սև դայթանով բոլորած. սև նաշուրի արխալուխ, Լեզգու սև շալից չոխա առանց զարդարանքի. միևնույն շալից լայն շալվար, ծայրերի ներսի կողմը զանգյալի մեջ չարչուբաղով ամրացրած. սև ղափաղավոր լափչիններ արծաթե նեղ քամար. կարմիր մորթե երկար գըդակ, ծայրը փոքր ի՞նչ ներս ծալած կարմիր բամբակե թաշկինակ: Զարդի հագուստն է՝ մետաքսե կարմիր դոշլուղ և սև արխալուխ, երկուսն էլ բարակ ոսկեթելով բոլորած. դավայունի դեղին չոխա, սև լայն չափարիշով զարդարած. նույն կտորից լայն շալվար, ծայրերը վերոհիշյալ ձևով ամրացրած. սպիտակ ղափաղավոր լափ չիններ կանաչ դայթաններով. Բուխարու սև գդակ, ծայրը կտրած. Իմերեթու մետաքսե գոտիկ. կապույտ բամբակե թաշկինակ: Քայլը հաստատ, ձայնը քաղցր և ազդու. շարժվածքն ու խոսակցության ձևերը բուն ժողովրդական: Միշտ գլխարկով, բացի նշանակած տեղերից:

ՇՈՒՇԱՆ. 50 տարեկան, այրի կին միջին հասակով և հաճելի դեմքով: Վրացնակ հասարակ հագուստ: Մե տակ (ցածր կապած) գլուխ (սև ճակտի աղլուխ, սպիտակ հաստ լաչաք, սև փաթաթելու): Սև տերնոյից կամ ալպակայից հասարակ դերիա, կուրծքը ծածկած: Հասարակ սև շալ: Տանից դուրս գնալու ժամանակ գործ է ածում սպիտակ դաթիբա:

ԿԵԿԵԼ. 18 տարեկան, միջին հասակով, թարմ, գրավիչ դեմքով, սև երկար մազերով: Վրացնակ հասարակ հագուստ (ճակտիաղլուխ, չիքիլա, չթե դերիա և այլն): Ձայնր քաղցր, շարժվածքը համեստ:

ԳԻՔՈ. 65 տարեկան, միջին հասակով, մեջքը փոքր ի՞նչ ծռած: Սպիտակ մազեր և բեխեր, երեսն ածելած: Վրացնակ հագուստ: Սպիտակ շապիկ, կուրծքը սև դայթանով բոլորած. սպիտակ դալամքարե կամ մուգկապույտ նաշուրի արխալուխ. սև մահուդից կաբա և լայն շալվար: Խարազի սև լափչիններ ցածր կրընկներով բուխարու սև գդակ, ծայրը ներս ծալած, հասարակ շալե կամ կապույտ դանավուզե գոտիկ:

Գործ է ածում ձեռնափայտ, քթախոտ և կապույտ չթե թաշկինակ: Ման գալը, շարժվածքն ու խոսակցությունը չափից դուրս դանդաղ:

Միշտ գլխարկով և ձեռնափայտով:

ԿԱԿՈՒԼԻ. 25 տարեկան հասակով փոքր ի՞նչ ցածր Պեպոյից: Երեսը կարմիր և գեղեցիկ. սև մազեր, ճակատի վրա բերած. բարակ հոնքեր, բարակ բեխեր և. նոսր կարճ միրուք: Թիֆլիզի բուն պաժարնու կամ կինտոյի շքեղ հագուստ: Մավի մորթե մեծ գդակ Բազվի. ձևի կարմիր մետաքսե շապիկ և դոշլուղ. կապույտ կամ սև դանա վուլզե արխալուխ: Քոբաչու սև շալից կարճ և չաքերով չոխա. միևնույն շալից լայն շալվար, ծայրերը զանգյալում կամ պաճիճում՛ բոլորովին ամրացրած: Դոշլուղը, արխալուխը և չոխան ամենաշքեղ ձևով զարդարած են կլապիտոնե լայն բաֆթաներով: Լեզգու երկար ճտերավոր չուստիներ, բարակ ոսկեթելով բոլորած արծաթե լայն քամար: Բաղդադի թաշկինակ: Ձայնը, շարժվածքն ու խոս սակցության ձևերը կոշտ:

Միշտ գլխարկով:

ԳԻԳՈԼԻ. 25 տարեկան: Վրացնակ հասարակ հագուստ: Սպիտակ չթե արխալուխ, կրծքի կոճակները մեր զցած. սև մահուդից կաբա. նույն մահուդից կամ սպիտակ պարուսինից շալվար. արծաթե՛ նեղ քամար. ձեռքին գլխարկ-ֆուրաժկա:

ՍԱՄՍՈՆ. 18 տարեկան. սև երկար մազեր, եվրոպական ձևով սանդրած: Եվրոպական սպիտակ շապիկ. հասարակ չթե արխալուխ: Կրծքի կոճակները բաց նեղ քամար և գունավոր նեղ շալվար: Հետո. Չերքեզի շքեղ հագուստ: Սոսանի ատլասե արխալուխ, բոլոր կոճակները մեր զցած, սպիտակ մահուդե չերքեզկա արծաթե մասրաներով. նույն մահուդից նեղ շալվար, ծայրերը կարմիր մահուդով: Բոլոր հագուստը զարդարած է կլապիտոնե բաֆթաներով: Եվրոպական փայլուն կոշիկներ. արծաթե շքեղ քամար արծաթապատ դաշույնով: Արծաթե փոքրիկ վառոդաման կլապիտոնե լայն բաֆթայով:

Բոլոր ժամանակ առանց գլխարկի:

ԵՐԿՈՒ ԱՅԼ ԾԱՌԱ՝ ֆրակով, սպիտակ ձեռնոցներով և առանց գլխարկի:

ԱՐԱՐՎԱԾ ԱՌԱՋԻՆ

Բեմը ներկայացնում է հին ձևի աղքատիկ սենյակ թարեքներով, դոլաբներով, լուսամուտով և. երեք դռնով՝ աջ, ձախ և դիմացը: Ձախ կողմը (հանդիսականների դիրքից) զորգով ծածկած տախտ նահալով և մութաքաներով, իսկ աջ՝ հասարակ սեղան, գունավոր սփռոցով ծածկած: Սենյակի այս անկյունում մի թոկ կա կապած: Դոլաբներում և. թարեքների վրա դարսած են հինօրյա պղնձե կավե ու փայտե ամաններ ու զանազան ձևի զինու բաժակներ: Մի քանի հասարակ աթոռներ լրացնում են սենյակի զարդը: Կեսօր է:

ՏԵՍԻԼ Ա

ՇՈՒՇԱՆ, *տախտի վրա նստած, զուլպա է գործում,* ԿԵԿԵԼ, *սեղանի մոտ, աթոռի վրա նստած, շտապով կար է անում, առջևը կարի գույնզգույն բոխչա:*

ՇՈՒՇԱՆ

Չիս իմանո՞ւմ, քա՛:

ԿԵԿԵԼ, *թել վերցնելով բոխչից.*

Ա՛յ էս էլ պրծնիմ, դեդի:

ՇՈՒՇԱՆ

Թո՛ղ, մի քիչ դնջա՛ցի, ի՛ժում պրծի:

ԿԵԿԵԼ

Չի ըլի, դեդի, է՛, հորես տերը գու քա:

ՇՈՒՇԱՆ

Նրա աճկն էլ կարիմ. խի՛ստ շատ է տալի՛:

ԿԵԿԵԼ

Բանն էլ էտ է, է՛, դեդի, ինչրու նրա գալը դիփ հազիր վուր, չըլի էլ թամամ գինը չի՛ տա: Խո գի՛դիս ինչ անաստուծն է:

ՇՈՒՇԱՆ

Ախար, աճկիդ լուսը խո չի՞ս կանա հանի. սաղ գիշիր, հենց բոնե, չիս քնի ու ջեր վուրդի էր ծեքը, վուր էլի բանի նստեցար:

ԿԵԿԵԼ

Ի՞նչ անինք, դեդի, խղճի հացը էժան չէ ճարվում:

ՇՈՒՇԱՆ

Հե՛րիք արա, հե՛րիք, վուրթի: Զա՛նդամը միր գլուխը, վունցոր ըլի կու ապրինք:

ԿԵԿԵԼ

էս սահաթիս, դեդի ջան, ա՛յ Աստուծ գիդենա, քիչ է մնացի :

ՇՈՒՇԱՆ

Սաղ գիշիր ջում-ջումի բերիք ինձ դուն մե կուռը, քու ախպուր փիքրը մեկելը: (*Լռություն:*) Նա էլ ի՞նչ էլավ, իմքին բան չըլի էկի գլուխը:

ԿԵԿԵԼ, *վախեցած*:

Ի՞նչս աասում, դեդի գանա էս անց էլ չէ մնացի դուսը գիշերով։

ՇՈՒՇԱՆ

էսօր խիստ ուշացավ, Կեկել. առանց էն առուտնիրը տուն է էկի ու հիմի հորես կեսօրի փուխտն է։

ԿԵԿԵԼ

Ի՞նչ հաջաթ, դեդի ջան, էգեբա փողոցումը բան լուս ննգավ։

ՇՈՒՇԱՆ, *հոգվոց հանելով*։

Աստուծ անե էտենց ըլի, վուրթի, սիրտս գնում ու գալիս է... Ո՛վ գիդե ջուրը մինձացավ, ո՛վ գիդե իմքնի էդնեն ննգավ ու ինքն էլ հիդը գնաց...

ԿԵԿԵԼ

Է՜, ինչի՞ր իս աասում, դեդի։

ՇՈՒՇԱՆ

Նրա գլխին էլ վուր մի բան գա, ջուրն ածելու կու դառնանք։

ԿԵԿԵԼ

Աստուծ գիդենա, անմիդ իս նիդանում, դեդի ջան, էրեխա խո չէ՞, սիրտս էլ անմիդ շուռ ու մուռ իս բերում։

ՇՈՒՇԱՆ

Է՛սենց էլ ապրիլ կուլի՜... Հախմիան տե՛րն անե քու դադաստանը, Արութին։

Դրսից ոտի ձայն է լսվում։

ԿԵԿԵԼ, *ուրախ*։

Ա՛յ, դեդի, հորե՛ն։

ՇՈՒՇԱՆ, *ականջ դնելով:*

Նա է՞... (*Գլուխը շարժում է:*) Չէ՛:

ԿԵԿԵԼ, *նմանապես ականջ դնելով:*

Գի՛քոն է:

ՏԵՍԻԼ Բ

ՆՐԱՆՔ, ԳԻՔՈ

ԳԻՔՈ, *ներս մտնելով դիմացի դռնից, գլխարկը ծածկած և ձեռնափայտով:*

Բարի լույս ձիզ:

ՇՈՒՇԱՆ, *տխուր:*

Աստծու բարին, Գիքո... Համեցեք:

ԿԵԿԵԼ, *վեր կենալով, Գիքոյին գլուխ է տալիս, հետո առանձին:*

Անկս քի՛զ էր մնում:

Նստում է իր գործին:

ԳԻՔՈ, *նստելով աթոռի վրա Շուշանի մոտ:*

Վո՞ւնց իք, ի՞նչ բարին հարցնիինք:

ՇՈՒՇԱՆ

Փառք Աստծու, կանք:

ԳԻՔՈ

Է՛, փառք Աստծու: Էս ո՞ւր է Պեպոն, ջեր չէ տուն է՞կի:

ՇՈՒՇԱՆ *վախեցած*.
Հըա՛, իմքին խաբար կա՞:

ԳԻՔՈ
Հա՛, բան ունիմ ասելու:

ՇՈՒՇԱՆ, *ծնկանը խփելով*.
Վո՜ւյ, քոռանամ յիս, ի՞նչ խաբար է:

ԳԻՔՈ, *ուղղվելով*.
Ի՛նչ խաբա՛ր:

ՇՈՒՇԱՆ
Հա՛:

ԳԻՔՈ
Լավ խաբար չէ, Շուշան:

ՇՈՒՇԱՆ, *ավելի վախեցած*.
Ի՞նչ է, խիխտվի՞լ է:

Կեկելը, կարը թողնելով, վախեցած նայում է նրանց.

ԳԻՔՈ, *զարմացած*.
Ո՞վ է խիխտվի. ի՞նչ իք ասում:

ՇՈՒՇԱՆ
Պեպո՛ն, բաս չէ խիխտվի՞:

ԳԻՔՈ, *երեսը խաչակնքելով*.
Տեր օղորմած Աստուձ. էտ յիս չիմ իմանում, ի՞նչ իք ասում:

ՇՈՒՇԱՆ
Ախար, իրիգուն կեսգիշերին դամբը վիկալավ, գնաց ու ջեր չէ տուն էկի:

ԳԻՔՈ

Վա՛, օխնած հոգի, վախեցա, նա ի՞նչ խիխտվելու աի ունի... էն ի՞նչ Քուռը պիտի ըլի, վուր նրան ախտե:

ՇՈՒՇԱՆ

Բաս ի՞նչ խաբար էիր ասում:

ԳԻՔՈ

Ի՞նչ խաբար էի ասում...

ՇՈՒՇԱՆ

Հա՛, մե չուստ ասա, թե Աստուձ կու սիրիս:

ԳԻՔՈ

Մո՛ւլափ, է՛. մի քիչ համփերութի՛ն ունեցի, հեր օխնած: Աստուձ շատ բանիր է գրի մարթու ճակտին՝ վախտ կա ուրախութին, վախտ կա տխրութին:

Գրպանից հանում է քթախոտի տուփը:

ԿԵԿԵԼ, *առանձին:*

Ինչ կլի կուսե, իմն ինձ կու հասնի:

ՇՈՒՇԱՆ

Մեզ համա խո զարթնի տխրութինը Աստուձ ուրիշ բան չէ տվի:

ԳԻՔՈ

Ի՞նչ անիս, Շուշան, Աստձու ձեռին է՝ ուրախութինն էլ, (*Հորանջում է:*) տխրութինն էլ... (*Կրկին հորանջում է և քթախոտ քաշում:*) Հըմ... է՛ է... Վունցոր Աստուձ զուզե, էնենց կուլի մարթու բանը:

ՇՈՒՇԱՆ

Նրա կամքը ըլի, ի՛նչ անինք:

ԳԻՔՈ

Է՛տենց է, է՛տենց, Շուշան... Ախար, էսօր առուտեհան լավ բան չիմացա. էլ չդնջացա, ի՞նչրու չգնացի ու ձիր փեսի հիդ դիմուդեմը չխոսեցա (*Կեկելին:*) Շատ հարց ու բարով արավ քիզ, ա՛յ Կեկել: (*Կեկելը թեթև գլուխ է տալիս Գիքոյին, առանձին աչքերը սրբում է և կարը շարունակում:*) Խիստ իմ կարոտի, կոսե... (*Քթախոտ քաշելով:*) Հը՛մ... է՛ է...

Կեկելը նույն միջոցին դարձյալ սրբում է աչքերը:

ՇՈՒՇԱՆ

Հալեցիր ու մաշեցիր խոմ, Գիքո. մե ասա՛ ու պրծի, էլի՛:

ԳԻՔՈ

Է՛ս սհաթիս, է՛ս սհաթիս, Շուշան... (*Քթախոտ քաշելով:*) Հը՛մ... հը՛մ... ոխա՛կ... Աստուձ վուր մարդուն ստեղծիլ է, համփիրութինն էլ հիդն է տվի: (*Քիթը սրբում է թաշկինակով:*)

ՇՈւՇԱՆ, *առանձին:*

Քու աճկն էլ:

ԳԻՔՈ, *կրկին քթախոտ քաշելով:*

Հը՛մ... էն էի ասում, վուր (*Կամենալով փռշտալ*), վուր,վուր, վուր...(*Փռշտում է:*) բա հբա՛...(*Կրկին կամենալով փռշտալ:*) Բա՛, բա՛ բա՛...(*Փռշտում է:*) բա հբա՛... Օ՛, հո՛, հո՛, հո՛, հո՛... ի՛նչ բունոնութի է՛. Խեր էկավ, ա՛յ:

ՇՈՒՇԱՆ

Առուխչ բլիս:

ԳԻՔՈ

Վուրթիքդ (*Կամենալով փռշտալ:*) ա ա ա պրին, (*Փռշտում է:*) բա հբա՛...

ՇՈՒՇԱՆ, *առանձին։*

Ա՜յ, չոռ ու ցավ, թե խոսիս։

ԳԻՔՈ

Էս խեր ու կես... (*Կամենալով փռշտալ։*) Էս էլ, էլ... (*Կրկին փռշտում է։*) ըա հըա՜... Էս էլ ջուխտ խեր... Կուլի վիրչը խեր ըլի։

ՇՈՒՇԱՆ

Քունը վունց խերն իմացա ջեր ու վունց շառը։

ԳԻՔՈ

Խերն էլ ու շառն էլ Աստծու ձեռին է, Շուշան (*Քթախոտի տուփը գրպանը դնելով։*) Օ՜հ, խիստ թեժ բուռնութի է էլի՜ անիծածը։ Հազրենը մե ջեր չի պատահի, վուր բուռնութու վրա փռշտամ. ամա էրևում է իմ սովոր բուռնութին չին տվի... Ղալբացավ աշխարքը, Շուշան, ի՜նչ անիս։ (*Տուփը կրկին հանելով գրպանից և բաց անելով։*) Ի՜մքին խո չկա մեչը խառը։ (*Զննելով։*) Չէ՜, վունչիչ չէ՜ էրևում... Աբա՜, Շուշան, քու աճկը կուլի ուփրո լավ ըլի կտրում։

ՇՈՒՇԱՆ, *առանձին։*

Քու աճկի պիպիկն էլ կարիմ։

ԿԵԿԵԼ, *առանձին։*

Պատիժ է։

ԳԻՔՈ

Մի տիս, է, թե Աստծու կու սիրիս։

ՇՈՒՇԱՆ, *առանձին։*

Ղազաբ է...(*Առնում է տուփը և զննում։*) Լավ բուռնութի է էրևում. ամա, մե ասա՜, թե Ստիղծողը կու սիրիս, ի՞նչ խաբար իս բերի... Հոքեներուս խո հանեցիր։

Տուփը դնում է Գիքոյի մոտ տախտի վրա։

ԳԻՔՈ

Տո՛, ի՞նչ խիստ իս շտապում: Մո՛ւլափ տանք, էգեբա Պեպոն էլ վրա հասնի, նրա բանն ուփրո է:

Քիթը շարունակ սրբում է թաշկինակով:

ԿԵԿԵԼ, *առանձին:*

Ճաշն էլ էստի է ուզում անուշ անի, մինք խո խիստ շատ ունինք ուտելու, մնացիլ էր սա:

ՇՈՒՇԱՆ, *առանձին:*

Ը՛ ը... Բարի-բան ննգնի քնթումդ, հըա՛...(*Գիքոյին:*) Ախար, մե խոսկ էլ է մա՛յինց ասա:

ԳԻՔՈ

Գիդիս ի՞նչ է, Շուշան. (*Ձայնը ցածրացնելով:*) մե ախչկատ դուրս դրկե ախար, է՛:

ՇՈՒՇԱՆ, *ցածր:*

Նա իր բանին է, ի՞նչ կու իմանա, ցա՛ծր ասա:

ԳԻՔՈ

Վուր իմանա, լավ չէ, Շուշան, է՛. Չի՛ս գիդի թե Խիկարն (*Ցուցամատը ճակատին տանելով:*) ի՞նչեր է ասում էստու վրա:

ՇՈՒՇԱՆ

Խիկարն ո՞վ է, քա, նա էլ խառն է էստու վրա:

ԳԻՔՈ, *ծիծաղելով:*

Հը՛, հը՛, հը՛, հը՛...(*Ծիծաղը դառնում է հազ:*) հո՛ւ, հո՛ւ, հո՛ւ, հո՛ւ...

ՇՈՒՇԱՆ, *առանձին:*

Ա՛յ Աստձու կրակ, թե ասիս ու պրծնիս:

ԳԻՔՈ, հազը շարունակելով:

Խիկարը, հո՜ւ, հո՛ւ, հո՛ւ, հո՜ւ... փիլիսոփա...էր, հո՜ւ, հո՜ւ, հո՜ւ ...

(*Պեպոն կուլիսի ետևից երգում է՝*

«Շարաբի Շազմ շու աաթ,

Շուբիի նա դարադ»)

ԿԵԿԵԼ, *առաջ վազելով և ուրախ:*

Ա՛յ, Պեպոն:

ՏԵՍԻԼ Գ

ՆՐԱՆՔ, ՊԵՊՈ

ՊԵՊՈ, *երգը շարունակելով,ներս է մտնում դիմացի դռնից՝ գլխարկով, հասարակ սև հագուստով, թևքերը ետ ծալած դամբը ուսին և առջևը գոտկից կապած կարմիր թաշկինակում կենդանի ձկներ:*

«Արաղի քիշմիշ աաթ,

բար դար փիալա,

Գյալ այլաշ»:

ԿԵԿԵԼ

Աճկեներուս խո ջուր կտրեցիր, Պեպո:

ՇՈՒՇԱՆ

Ի՞նչի՞ գիդիս, տո, կեհաս ու կու կորչիս:

ՊԵՊՈ, *ուրախ:*

Վա՛, է՛սենց վուր չանիմ, Աստուծ մանանա խո չէ՞ դեվեր ղրգում միզ համա... Օ՛, Գիքո, լավ վախտիս էկի: Մե մուրծեք ուտեցնիմ քեզ էս սհաթիս, վուր քեփդ գա. ամա թե քնթետ բուռնութի իս կաթեցրի վրեն, էլ մե թիքա չիմ տուր տա, հըա՛... (*Հանելով մի մեծ ձուկ:*) Աբա՛...(*Չկան պոչով Գիքոյի թշերին խփելով:*) Օ՛, շե՛նի կի ճիրի մե... մե թա՛մաշա արա, է՛:

ԳԻՔՈ

Չանե՛ս, չանե՛ս, տո՛:

ԿԵԿԵԼԸ ծիծաղում է:

ՇՈՒՇԱՆ, *ժպտալով:*

Մե մո՛ւլափ, տո՛, բա՞ դրոս հանաք է. բան էր խոսում:

ՊԵՊՈ, *թաշկինակը հավաքելով և ծիծաղելով:*

Բա՛ն էր խոսում. ավտաս խոսկը խոսկին կարկտի պես վրա տա: (*Գիքոյի ձախ կուռը բռնելով և ամուր շարժելով:*) Վո՞ւնց իս, վո՛ւնց, Գիքո:

ԳԻՔՈ

Կո՛ւռս, կո՛ւռս, տո՛, է՞րկաթ է մաջե՛տ:

ՊԵՊՈ, *ծիծաղելով:*

Բաս չէ ու քի պես փափա կուլի: (*Թաշկինակով ձկները տալով Կեկելին:*) Աբա՛, Կեկել, էս տա՛ր մե էնդի ջուրն աձա ու մե կրակ էլ չա՛ղ արա. (*Ցածր ձայնով:*) Փետ խո ունի՞նք:

ԿԵԿԵԼ, *ուրախ և ցածր:*

Մե էրկու վառելու էլի՛ կա: (*Առնում է կապոցը:*) Մորթոտի՞մ է՛լ:

ՊԵՊՈ

Չէ՛, չէ՛, չէ՛, չէ՛, Կակուլին աղանչաք արավ, վուր նրան մո՛ւլափ տանք, խիստ Է սիրում ձգան մորթիլը: (*Տնտղելով ձուկը Կեկելի ձեռքին, թաշկինակի մեջ:*) Մե մտի՛կ էս բեձաթին՝ վուրդի է կուչ էկի, է... Տա՛ր, տա՛ր, յիս սրանց հոքուն մեռնիմ: Էս էլ վուր առանց փող չըլի ճարվում, ո՞վ արժանի կոներ միզ: (*Իր ծոցին խփելով և Կեկելին՝ ցածր:*) Փուղ էլ ունիմ, Կեկել, ա՛յ. մի՛ վախենա, հինգ մանեթի ծախեցի:

ԿԵԿԵԼ

Էնդուր էլ ուշացա՞ր:

ՊԵՊՈ

Վա՛... բա՛ս... Մե էս գիշիր էլ գնամ. Աստուձ աճկը քաղցրացրիլ է ինձ վրա:

ԿԵԿԵԼ

Ախ, Պեպո ջան, յարաբ քա՞նի չարչրվիս միզ համա:

Դուրս է գնում ձախ դռնից, տանելով հետը կարը, կարի բոխչան և թաշկինակով ձուկը:

ՏԵՍԻԼ Դ

ՆՐԱՆՔ, առանց ԿԵԿԵԼԻ

ՊԵՊՈ

Ուրիշ,Գիքո. ասա, է փո՞ւղր լավ է թե ջա՛նը:

ԳԻՔՈ

Էրկուսը մետի լավ է,Պեպան, թե Աստուծ կու տա:

ՊԵՊՈ

Տո՛, էտղաղա տարի է ապրում իս աշխրքումն ու չի՞ս գիդի, վուր փո՛ւղր Աստուծ չէ բաժնո՛ւմ: Թո՛ղ Աստուծ մենակ ջան տա մարթու, փուղ է ու փուղ: (*Դամբը բաց անելով:*) Փո՛ւղով իմ առի էս: (*Իր կրծքին խփելով:*) Ա՛յ սաղ ըլի... (*Կոտրած դամբը զննում է:*) Օ՛, հո՛, հո՛, հո՛, հո՛... ի՛նչ դամբ է՛. էնղաղա զցեցի, էլի՛ սաղ սալամաթ է մնացի... Պետրե-Մորեվի պես տիղ չի ըլի. փռում էի թե չէ՝ զը՛մ-զը՛մ, դուրս էին զալի լոթիքը խըլպըլտալի: Խալխը վուր խիլք ունենա, էս անց էլ բան ու գուրծ չի ունենա: Էն վուր զցում իս... ու ի՞նչրու դուս քաշիլը, սիրտդ՝ ղընգղընգ, կոսիս թե մահ ու կինքդ պիտի բաժնին: Թե մութ գիշիր էլ է, հենց գիդենաս աստղիրը հիդդ մասլահաթ ըլին անում, ու թե լուս է խոմ՝ կ՛ոսիս լուսնիակը գլխիտ փարվնի պես կանգնած է լոթին... էշխումն էլ, վուր տուն իս զնում ու վուտնիրտ էլ թաց է ըլում, ու մե բաշ փռում իս...Օ՛հ, շե՛նի կի ճիրի մե...(*Հեռվից զցում է դամբը Գիքոյի գլխին, Գիքոն մնում է մեջը:*) Օ՛հ, օ՛հ, օ՛հ...Գիքո, ի՛նչ ձուզն ի՛ս, արղի պղինձ պիտի քիզ: *Ծիծաղում է:*

ՇՈՒՇԱՆ, *ծիծաղելով:*

Տո՛, բա՞ դրոս էտունք է:

ԳԻՔՈ, *ազատվելով:*

Տո՛, վախեցա, է. էս ի՞նչ հանզի հանաք է:

ՊԵՊՈ, *դամբը հավաքելով:*

Բաս դիփ մե՞ զլուխ խո չիմ լաց ըլի... Միրտս վուր դարդին տուր տամ, լուրի պես կու տրաքի:

ԳԻՔՈ

Չէ՛, մայինց մե քիչ անդնջում իս:

ՊԵՊՈ. *դամբը թոկի վրա փռելով:*

Բաս չէ ու քի պես հում-հում խաշլամա կուլիմ. բուռնութին քնթեմես ծլծլալի դեվեր ըլի գալի ու ի՞նչրու մե բան ասիմ, ուխտի լոխմի պես խոսկիրը բերնումս ծամում ըլիմ... (*Ծիծաղում է:*) Հա՛, հա՛, հա՛, հա՛...

ԳԻՔՈ

Հե՛յ գիդի, Պեպան:

ՇՈՒՇԱՆ

Տո՛, քանի՞ ասիմ, մե անգաճ դի ախպր, է՛. սիրտս շուռ էկավ... ի՞նչ-որ փիս խաբար է իմացի միր փեսի դեյիբ:

ՊԵՊՈ, *վախենալով:*

Ի՞նչ փիս խաբար:

ԳԻՔՈ

Մե՛ նստի,Պեպա՛ն, հենց ապրիս:

ՊԵՊՈ

Էսենց էլ լավ իմ, ասա՛:

ԳԻՔՈ

Չէ՛, վուր նստիս, ուփրո լավ կու՛լի:

ՊԵՊՈ, *նեղանալով:*

Տեր օղորմած Աստուձ: (*Մոտ է քաշում մեկ աթոռ և նստում Գիքոյի ձախ կողմը:*) Հը՛, է՛ս էլ նստեցա:

ԳԻՔՈ

Մո՛ւլափ, է՛. տաքանալով բան չի դառնա ախպր: Պիտի

փիքր անինք, թե վո՛ւնց ոտկինք բանին: (*Որոնում է քթախոտի տուփը:*) Ի՞նչ էլավ, տո՛, էստի էր:

ՊԵՊՈ, *տուփը գտնելով և տալով նրան*:
Հը՛, բռնե՛. ի՞նչրու չքաշիս, խո չիս կանա խոսի:

ԳԻՔՈ, *վերցնելով քթախոտ:*
Ա՛յ, ախպեր... էսօր առուտեհան մե փիս հուտ իմացա... (*Քաշում է քթախոտը:*) Հը՜մ...Միթամ ձիր փեսի համա ուրիշ ախչիկ ին լուս զցի:

ՇՈՒՇԱՆ
Վո՛ւյ, քոռանամ ես:

ՊԵՊՈ, *վախեցած և ձայնը երկարացնելով*:
Է՛յ...

ԳԻՔՈ
Բա՛ս... Միթամ խիստ լավ ախչիկ է կոսե, ու փուղ ու բաժինքն էլ ձիր խոստացածի վրա ուփրո շատ: (*Կրկին վերցնում է քթախոտ և քաշում:*) Հը՛մ...

ՊԵՊՈ, *բարկացած*:
Հը՛մ, հը՛մ, տո՛, քաշե ու պրծի, է՛լի... (*Տուփը խլելով՝ քթախոտը թափում է Գիքոյի բուռը և այդպես մոտեցնում նրա քթին:*) Հը՛, կշտացի՛:

ԳԻՔՈ
Վա՛, վա՛ բո՛ւռնութիս, բո՛ւռնութիս... Ի՛նչ զիժ մոզին իս, տո:

Քթախոտը կրկին տուփն էածում:

ՊԵՊՈ
Արիվս զիղենա, Գիքո, էլ սաղ չիս պրծնի, թե դիփ մետի էս սհաթիս չիս հիդ ասի:

ԳԻՔՈ

Տո՛, ախպր, վուր դաթար չիս տալի՜:

ՇՈՒՇԱՆ

Դուն ուփրո շշկլեցրիր, քա՛:

ՊԵՊՈ

Դե՛, չո՛ւստ:

ԳԻՔՈ

Հա՛, էն էի ասում...ի՜նչ էի ասում. մտես ննգավ...

ՊԵՊՈ, կիսաձայն, առանձին:

Ա՛յ, զահրո՜ւմար:

ԳԻՔՈ, շարունակելով:

Հա՛, վուր առուտեհան էն հանգի բան իմացա:

ՊԵՊՈ

Ը՛հ, քու մարթ աստղին ի՛նչ ասեմ, տո՛, էտ խոմ ասիր, իժո՞ւմ:

ԳԻՔՈ

Ա՛յ, իժում... Գնացի դեմուղեմը ձիր փեսի մող, տեսա տանը չէր, էնդանց գնացի դուքանը, տեսնիմ՝ էն ալդի-դաշտի Նաթելը հիդը քչփչում է: էն սիաթին ձկըտկիս կծեցի, (*Ճկույթը բերանն է տանում:*) ասի բանը բանի նման է: Մե քիչ մնացի. էն սատանի կնիկը վուր քաշվեցավ, մող գնամ մե լավ ծա՛նդր ու բարակ հիդը խոսիմ էս միր պարնի հիդ:

ՊԵՊՈ, *անհամբերությամբ*.

Իժում ի՞նչ ասավ:

ԳԻՔՈ

Ա՜յ, էս սահաթիս, կարքով գալիս իմ, էլի՜:

ՊԵՊՈ, *բռունցքը բարձրացնելով:*

Ը՜հ, Գիքո, էկավ, Աստուձ գիդենա:

ԳԻՔՈ, *հետ քաշվելով:*

Տո՜, մի՜ խառնի, է՜:

ՇՈՒՇԱՆ, *բոլոր խոսակցության ժամանակ անհամբերությամբ ծնկները տրորում է:*

Վա՜, բա՞ դազգեմարթա, Պեպո՜:

ԳԻՔՈ

Ջեր անզաձը բաղմնչու արավ, ամա վիրչը կոտրվեցավ ու իմացածս դուրթ դուս էկավ: Կինաղամ լիզուս փուրը ննգավ, էսօրվան անմահ պատարաքը գիդենա:

ՇՈՒՇԱՆ

Վո՜ւյ, գեղինը պատռե ու նրան դեվեր տանե, վուչ:

ՊԵՊՈ, *բարկանալով:*

Վա՜, գժվի՞լ իս, թե հանաք իս անում:

ԳԻՔՈ

Իմ հոգին գիդենա:

ՊԵՊՈ

Տո՜, իժում նա ի՞նչ ասավ:

ԳԻՔՈ

Նա էլ էն ասավ, վուր յիս ձիր Կեկելին խիստ իմ ուզում, կոսե, ամա բանը վուր գլուխ չէ գալի, կոսե, յիս ի՞նչ անիմ, կոսե:

ՇՈՒՇԱՆ, *երկու ձեռքով ծնկներին խփելով:*
Մտի՛կ էն աննամուսին, է՜:

ՊԵՊՈ, *բարկանալով:*
Վո՞ւնց թե գլուխ չի գալի:

ԳԻՔՈ
էնենց, էլի՜. ասում է՝ ինչի՞ ինչ խոստացիլ իք, չիք տալի, կոսե: (*Հոգվոց հանելով:*) Է՛հ, Աստուծ:

ՊԵՊՈ
Վո՞ւնց թե չինք տալի... Տո՛, գանա ինքը չի գիդի բանի զորբութինը:

ԳԻՔՈ
Ցիս ինչրու վո՞ւր մե օրը մնամ, կոսե:

ՇՈՒՇԱՆ
Ո՞ւր է մնում, ո՞վ է ասում նրան վուր մնա: Թո՛ղ ուզե, խոստացածն է՛նդի չէ: Ցիփոր դուս գու քա, իրն է ու իրը...Աստուծ անե քու դիվանն, Ա՛րութին:

ԳԻՔՈ
Նա էլ էտ է ասում, Շուշան, է.՜ յիս ասում է ախչիկ իմ ուզի, կոսե, դավի դառաքա խոմ չիմ առնում, կոսե:
Գլուխը շարժում է:

ՊԵՊՈ
Տո, էտունք դիփ մետի խո հարուր ջեր խոսիլ ինք. հիմի նու՛ր չար, նու՛ր բարի՜:

ԳԻՔՈ
Բանն էլ էն է,Պեպո ջան, վուր նա ասում է՝ էտ բանն, ասում է, տարիք կու քաշե, կոսե, ու ես էլ չիմ կանա

համփիրի, կոսե. կնի՛կ ուզիլը խիստ իմ ուզում սրտով, կոսե: (*Աղաղակում է:*) Միղա՛ քիզ, Աստուձ, միղա... էս իմ միխկի պատիժն է դիփ:

ՇՈՒՇԱՆ

Մե խոսկով՝ ասա՛, Գիքո, վուր Կեկելին թողնում է, էլի՛...

ՊԵՊՈ

Ու բանը մոշլա է ըլում:

ԳԻՔՈ

Թե էս սահաթիս փուղը չճարեցինք, մոշլա արած է ու մոշլա արած:

ՊԵՊՈ

Իստա՞կ:

ԳԻՔՈ

Իստակ, իստակ:

ՊԵՊՈ, *չարացած վեր է թռչում տեղից և մի քանի քայլ առաջ՛ նետվելով՝ ձեռքը ձեռքին խփում:*

Վա՛յ, քու տղիս տղա... (*Հետ դառնալով, դիմում է Գիքոյին՝ ձեռքերը առաջ տանելով:*) Տո՛, իժում ի՞նչ ասիր:

ԳԻՔՈ, *հետ քաշվելով, վեր է կենում տեղից.*

Դուն ինձ ասա, էլ ի՞նչ պիտեի ասի:

ՊԵՊՈ, *առաջ գնալով:*

Տո՛, ախար չհասկացրի՞ր իրան, վուր չի՛նք խափո՛ւմ:

ԳԻՔՈ, *հետ քաշվելով:*

Վա՛, բաս չհասկացրի՛:

ՊԵՊՈ, *առաջ գնալով*:

Իժո՞ւմ:

ԳԻՔՈ, *հետ քաշվելով*:

Իժում էլի՜ էն ասավ, էլի՜, վա՜:

ՊԵՊՈ, *առաջ գնալով*:

Ու դուն էլ ղաբո՜ւլ արիր:

ԳԻՔՈ, *հետ քաշվելով*:

Վա՜:

ՊԵՊՈ, *առաջ գնալով*:

Չէ՜, մե ի՞նչ խիլք բանեցրիր, ի՜նչ...

ԳԻՔՈ, *հասնելով բեմի աջ կողմը և ճանապարհ չգտնելով*:

Վա՜, հեր օխնած, յիս ի՞նչ անիմ, թե կի էն մարթն էնենց է ասում:

ՊԵՊՈ

Տո, դուն ի՞նչ ասիր, դո՜ւն:

ՇՈՒՇԱՆ

Պեպան, գժվիլ ի՞ս, թե ի՞նչ խաբար է: Ախար, էտ հանգի խոսիլ կուլի՜:

ԳԻՔՈ

Տո՜, յիս էլ էն ասի, ի՞նչոր գիդիս, էլի՜: Ասի՝ յա մնա՜ ի՞նչրու աղա Արութինի փուղը դուս գա. է՜ն չախն ուզե, ասի, յա թե չէ, ասի, հի՜միսկ էվետ ուզե ու Արութինեմեն փուղը դուն առ, ասի:

ՊԵՊՈ

Իժո՞ւմ:

ԳԻՔՈ

Իժում էն, վուր նա կտրական ասավ, թե յիս դավի-դառաքի գլուխ չունիմ, կոսե: Գուզիք փուղը էսօր բերե՛ք, յիս էս գիշիր էվետ փակվիմ, կոսե: Ցիս իմ խոսկեմեն հիդ չեմ կանգնում, կոսե:

ՊԵՊՈ

Տո՛, բաս է՞տ էիր քովլանում, թե խե՛լոք մարթ իմ, կոսե՛. Է՞տ էիր ասում, թե Խիկար իմաստունը գլխեմեն ի՞նչրու վուտքը դիփ կարթացիլ իմ, կոսե՛: Է՞տ է է՛լի քու շնուքը:

ԳԻՔՈ

Ախար...(*Հազում է:*) Հո՛ւ, հո՛ւ... յիս ի՞նչ միղ ունիմ... (*Հազը սաստկանում է:*) Հո՛ւ, հո՛ւ, հո՛ւ ...

ՊԵՊՈ

Ա՛յ, զահրումար ու չոռ ու ցավ:

ՇՈՒՇԱՆ

Պեպո՛,Պեպո՛, ի՞նչ էլավ քիզ:

ՊԵՊՈ, *հեռանալով Գիքոյից.*

Չէ՛, յիս զնամ մե էս սհաթիս հիդը խոսիմ՝ տեսնիմ թե վո՞ւնց է թողնում:

ՇՈւՇԱՆ, *վեր կենալով տեղից.*

Չէ, դուն կաց ջեր, Պեպո՛, յիս զնամ մե էն կապ-կտրած Նաթելին տեսնիմ: (*Շտապով դաթիբան հանում է նախալու տակից և զնալով:*) Գիքո՛, մի հիդս արի, թե քու Աստուծ կու սիրիս, էս քուչեն ա՛նց կացրու:

Դուրս է զնում դիմացի դռնից.

ԳԻՔՈ, *գնալով և հազից խեղդվելով*։
Քի մոդ բան բռնիլը դավի-դառաբա է դրուստ։
Դուրս է գնում Շուշանի տնից։

ՊԵՊՈ, *Գիքոյի ետևից*։
Քու մարթ աստղին էլ ի՜նչ ասիմ։

ՏԵՍԻԼ Ե

ՊԵՊՈ, *մենակ, մի փոքր լռությունից հետո*։
Ուրիշ ախչիկ գուզի՞ս, բաս Պեպոն մեռավ, էլի՜... Տեսնիմ վո՞ւնց իս ուզում... (*Նորից լռություն։*) Չէ՜, Պեպո՜, դուն հալալ տղա իս, հալալութինը սիրում իս, քու բանումն էլ հալալ կաց։ Ինչո՞վ է սուտ քի մոդ քու փեսեն, խոստացիլ իս, պիտիս կատարի քու խոսկը... Թե գլխիտ գդակ ունիս, պիտիս տա, թեգուզ կաշիտ պլոկվի, թեգուզ հոքիտ դուս գա, պիտիս տա... Ամա վուրդի՞ ճարիմ էն զահրումար փուղը... Ո՞վ կու տա ինձ էնդադա (*Նայում է պատերին։*) Ո՞վ ի՞նչ կու տա էստուրը. դիփ մետի վուր գրավ դնիմ, դիփ մետի վուր ծախիմ՝ տուն, տիղ, շուր... ի՞նչ կու տան... կիսի կեսն էլ չի դուս գա... է՜ս էր վիրչն, էլի, էս էիր ուզում, էլի՜, Արութին. էստու համար էիր չարչըրում, էլի՜, ի՞նչու հիմի... Աշխրքումը պիտի խայտառակ ըլիմ, էլի՜... էլ իմ ընգրտերանց էրեսին վունց մտիկ անիմ, ի՞նչ կոսին։ (*Գլխարկը հատակին է խփում։*) Փո՜ւ քու նամուսին...

ՏԵՍԻԼ Զ

ՆԱ, ԿԵԿԵԼ

ԿԵԿԵԼ, *շփոթված ներս մտնելով ձախ դռնից։*

Էս ի՛նչ խաբար է, Պեպո՛։

ՊԵՊՈ, *գլխարկը վերցնելով և թափ տալով։*

Վունչիչ, ի՛նչ խաբար պիտի ըլի։

ԿԵԿԵԼ

Ի՞նչ իս ինձմեն թախկացնում... (*Լալով։*) Ցիս իմացա, դիփ իմացա, Պեպո՛...

ՊԵՊՈ, *գլխարկը ծածկելով։*

Ի՞նչ իմացար, Կեկել, ինչ իս լաց ըլում։

ԿԵԿԵԼ, *թաշկինակով սրբում է աչքերը և կսկիծով։*

Իմացա, Պեպո ջան, իմացա... էս սհաթիս դեղեն ու Գիքոն վուր գնացին... Նրանց խոսիլն իմացա... ինձ թո՛ղնում ին...

ՊԵՊՈ

Մո՛ւլափ, մո՛ւլափ, Կեկել, ջեր էլի՛ Աստուձ օղորմած է...

ԿԵԿԵԼ

Աստուձ շատ վուխտ է՝ խռով է կացի իմ գլխին, էլ ի՛նչ օղորմած է... Խալխումն ինձ պաչ անե, դիփունքը շնահավուրին, իժում ինձ թողնե ու գնա ուրիշին ուզե՛... Է՞ստու համա ստիրծ՛ից ինձ Աստուձ... Միթամ անմիղ փալաս էի, քուչեն գցեցին... միթամ քուչի ցեխ իմ, թո՛ղ վուտի տակը կոխչրտին... Վա՛յ իմ նամուսին... *Լաց է լինում և աչքերը սրբում։*

ՊԵՊՈ

Ախար, ջեր անմիդ իս լաց ըլում, Կեկել, է՞:

ԿԵԿԵԼ, *շարունակելով լացը*:

Ինչի՞ գեղինը չիմ մտնում էս սհաթիս: Էլ իմ տըղ ախչկերանց էրեսին վո՞ւնց պիտի մտիկ անիմ. դիփունանց խոսելու պիտի դառնամ, դիփունքը մասխարա պիտի զցին ինձ, դիփունքը պիտի վրես ծիծաղին...

Աչքերը սրբելով՝ լաց է լինում:

ՊԵՊՈ, *փաթաթվելով*:

Կե՛կել ջան, Կե՛կել:

ԿԵԿԵԼ

Կեկելի շլինքին քա՛ր կապե, Պեպո ջան, ու տա՛ր Քուռը շպրտե... Էլ յիս վո՞ւնց պիտի ապրիմ աշխրքումը:

ՊԵՊՈ

Մե սիրտդ հի՛դ բի, Կեկել, է՛... Փուղի բան չէ՞. վուրդիոր կուլի, կու ճարինք... Թե Արութինը չի տա, դիփ մետի կու ծախծխիմ, կէհամ ախկտութին կոնիմ, գլուխս գրավ կու դնիմ ու քիզ էտենց չիմ թողնի:

ԿԵԿԵԼ

Չէ՛, չէ՛, Պեպո ջան, յիս իմացա, վուր էտ փուղը էսօր էվետ է հարկավուր ու մե օրումը միզ ո՞վ ինչ կու տա, ո՞վ ինչ կու սիվցնե: Գլուխտ առանց էն էլ միզ համա գրավ իս դրի ու գրավ: Վուչ էր էլի՛ էն փուղի անումը, էս բեղնամութինն էլ չէր գա գլուխս...(*Լաց է լինում, կուլիսից լսվում է ԿԱԿՈԻԼՈՒ ձայնը՝ Պեպո՛:*) Գեղինը պատռե ու ինձ դեվեր տանե:

Աչքերը սրբելով՝ դուրս է վազում ձախ դռնից:

ՊԵՊՈ, *ծնկանը խփելով:*

Վա՛յ, քու Պեպոյին:

Վշտացած նստում է տախտի վրա:

ՏԵՍԻԼ Է

ՊԵՊՈ, ԿԱԿՈՒԼԻ

ԿԱԿՈՒԼԻ, *գլխարկը ծածկած, ներս գալով դիմացի դռնից, մեկ ձեռքին թաշկինակում կապած պաշարեղեն, իսկ մյուս ձեռքին կես թունգանց:*

Մե գի՛նի իմ բերի, Պեպո , մե գի՛նի, վուր է, դավի չունիմ:

ՊԵՊՈ, *դառնացած:*

Քեփ կոնինք, էլի՛:

ԿԱԿՈՒԼԻ

Վա՛, ի՞նչ է պատահի:

ՊԵՊՈ

Վունչիչ:

ԿԱԿՈՒԼԻ

Վա՛, չի՞մ տեսնում, էփած էլ կու ճանչնամ քիզ:

ՊԵՊՈ

Էհ, մա՛խլաս, կու խոսինք, էլի՛, իժում:

ԿԱԿՈՒԼԻ

Հը, էլի՛ տեսիլ իս նրանցը: Հիռո՛ւ կացի, թե ախպեր իս:

ՊԵՊՈ

Թողնում ին, վուր հիռու կենամ:

ԿԱԿՈՒԼԻ

Արի՛ մե - մե ստաքան զցինք ջեր հալա, թե անդիկորը չին կորչի ու կու տեսնիս... Վաղ ու վաղ ինձ մոդ էլ խիստ չուստ-

չուստ էին գալի, ամա (*Խփում է կես թունգանոցին:*) դիղը գտա... Հանց պուզիրը տեսնում իմ թե չէ՝ շաբա՛շ: (*Վրա է քաշում կես թունգանոցը, հետո երգում է բայաթի:*)

«Ազիզմ, նաչար, աղլամա,
Գյուն դըր, գեչար, աղլամա.
Բու դափի թարս բաղլիան,
Բիր գյուն աչար, աղլամա»:

ՊԵՊՈ, *գլուխը շարժելով, կիսաձայն ու թիվ:*
«Բիր գյուն աչար, աղլամա»

ԿԱԿՈՒԼԻ, *շարունակելով երգը, վերջացնում է բայաթին:*
«Բիր գյուն աչար, աղլամա»
Արա՛, (*Կես-թունգանոցը առաջարկելով Պեպոյին:*) տի՛ս թե թրի պես չկտրե:

ՊԵՊՈ
Է՛հ:

ԿԱԿՈՒԼԻ
Ջխկո՛ւմ. տեսնում իմ խիստ մինձիրն ին էկի, է՛: Հը՛, վո՞ւնց ին... (*Թաշկինակը և գինու ամանը դնում է սեղանի վրա և ձեռքերով պոզեր ներկայացնում:*) էս էսղադա պուզիրը... հը՛... ջեր արթուրմեքը սարքիլ ին, թե չէ: Ախար, կու ճանչնամ ի՞նչ պտուղ էլ իս, է՛:

ՊԵՊՈ
Հանաքի վուխտը չէ, Կակուլի, թե Աստուձ կու սիրիս բողազներուս դուրս է կտրվում:
Վեր է կենում տեղիցը:

ԿԱԿՈՒԼԻ
Վա, ի՞նչ խաբար է:

ՊԵՊՈ

Էլ ի՞նչ խաբար պիտի ըլի, բեղնամ ինք ըլում, քվիրս թողնում ին։

ԿԱԿՈՒԼԻ

Փեսե՞ն։

ՊԵՊՈ

Բաս ուրիշ ո՞վ կուլի։

ԿԱԿՈՒԼԻ

Է՛յ։

ՊԵՊՈ

Աստուձ գիդենա։

ԿԱԿՈՒԼԻ

Վա՛յ, յիս նրա... Արի՛ գնանք ծեծինք, Պեպո. մե ալիղուլի ծեփիմ էս սիաթիս, վուր սապոկի կրնգի վրա յիրեքջեր վրա ու վրա պտույտ գա... Աբա՛, յիս քիզ ասում էի, Պեպո, է՛, վուր կուպեծը միր բան չէ։

ՊԵՊՈ

Բանը բանեմեն անց է կացի, Կակուլի, էլ էտուրը ի՞նչ փայիդա։ Բանն էն է, վուր թե ի՞նչ խոստացել ինք, էս սիաթիս չտվինք, էս գիշիր ուրիշի վրա է նշվում։

ԿԱԿՈՒԼԻ

Դե՛, քո՛ւթահի արեք ու պրծեք, էլի՛... (*Քամարը հետ է անում։*) Թե իմքին պակսի, էս էլ վրեն ավելցրու, մե հինգ թուման կու տան... (*Ձախ ձեռքով քամարը բարձրացնում է։*) Զարթնի է՛ս, Պեպո ջան, (*Աջու բռունցքը ցույց տալով։*) ու մեկ էլ՝ է՛ս, էլ ուրիշ վունչիչ չկա իմ մեչն, ախպեր։

ՊԵՊՈ

Էտընցութենով բան չի դառնա, Կակուլի ջան, դուն լավ գիդիս, վուր հարուր թուման փուղ ինք խոստացի, ու էն անիծած Արութինը էսօր էքուցն է զգում:

ԿԱԿՈՒԼԻ

Օ՜հ, նա ապրա՜նք. յիս քիզ ասում իմ, ինչրու նրա փուրի վրա էլ մե դիոլ չածինք, վունչիչ չի դուս գա:

ՊԵՊՈ

Էհ Կակուլի, դուն էլ հենց գիդիս ամեն բան մենակ մուշտե կռվով է շինած:

ԿԱԿՈՒԼԻ

Բաս ի՞նչի չէ տալի, թե դուրթ պարտ է:

Քամարը կապում է:

ՊԵՊՈ

Վո՞ւնց թե դուրթ պարտ է, բաս սո՞ւտ իմ խոսում քի մո՞դ. ամա էն անիծած բարաթը վուր չէ գթնըվում, ի՞նչ անիմ:

ԿԱԿՈՒԼԻ

Ի՞նչ բարաթ, էդ չիմ իմացի:

ՊԵՊՈ

Վա՜, բաս չի՞մ ասի քիզ:

ԿԱԿՈՒԼԻ

Չէ՜:

ՊԵՊՈ

Վուր բարաթ ունեինք նրանն ու էն բարաթը կորա՞վ:

ԿԱԿՈՒԼԻ

Չէ՛, Պեպո, չէ՛. էն կի իմացիլ իմ, վուր էն բայղուշը փուղ է պարտեցի քու հորը, ամա բարաթը առչի իմանալս է...Իժում էտ վո՞ւնց կորավ, տո՛:

ՊԵՊՈ

Աստուծ վուչ գիդե միր գլուխը:

ԿԱԿՈՒԼԻ

Թե ախպեր իս:

ՊԵՊՈ

Ասիմ, չասիմ, Կակուլի ջան, էլ ի՞նչ կու օտկըվի:

ԿԱԿՈՒԼԻ

Թե լո՛թի իս, տո՛:

ՊԵՊՈ

Ա՛յ, վունց էր, ախպեր... Իմ հերը փուղ է ունենում, տալիս է նրան շահով, - լա՛վ շահվեցանք, - բարաթն առնում է ու պահում է... Քանի սաղ էր իմ հերը, թեգուզ քսա ջեր իմ տեսի էն անիծած բարաթը, հենց մեռնելու մե շափաթ առաչ էլ ձեռին ուներ խիղճը... Մահի էդնեն դութին բաց անինք՝ էլ չկա, չկա, չկա ու չկա՛:

ԿԱԿՈՒԼԻ

Էէէ՛... ա՛յ, թուրմե ինչ բան է էլի՛... Տո՛,Պեպո, ինքն Արութինը չըլի՞ գողցի էն բարաթը:

ՊԵՊՈ

Է՛հ, ի՛նչ իս սարսաղ-սարսաղ դուս տալի,տո՛. միր դութումը նա ի՞նչ դավի ուներ:

ԿԱԿՈՒԼԻ

Բա ո՞վ կու զողներ, Պեպո:

ՊԵՊՈ

Վուր զիդենամ, խո միզ համա էլ լավ կուլի:

ԿԱԿՈՒԼԻ

Կո՞ւլի քու հերը հիդը տարավ, տո՜:

ՊԵՊՈ

Մինք էլ էտենց ինք ասում, կուլի շուր հաքցնելիս հիդը գնաց:

ԿԱԿՈՒԼԻ

Մտիկ է... Աքա էն կինքումը թամաշա արա, Պեպո, թե ի՞նչ կոնին աղա Արութինին: Չուրս-չուրս սատանեն վուր բարաթն առչիվը կու ձքին, վա՛յ, վա՛յ, դեղի ծծիր, դուն բարեխոս...Նետայի մի թամաշա անիլ տան, Պեպո ջան, թեգուզ հենց էտու խաթիր կեհամ դժուխքը (*Ծիծաղում են:*) Տո, հանաքը դենը, էլի՜ լա՛վ պտռտեցեք, կուլի գթնվի:

ՊԵՊՈ

Տակն ու վրա ինք արի տուն ու տիղը, ի՞նչս ասում:

ԿԱԿՈՒԼԻ

Իժում էն գոմեշի գլուխն էլ գիդե՞, վուր բարաթը կորիլ է:

ՊԵՊՈ

Գիդե, վուր չի տալի, է՜:

ԿԱԿՈՒԼԻ

Տո՛, խո գիդե վուր պա՞րտ է:

ՊԵՊՈ

Բա՛ս չի գիդի:

ԿԱԿՈՒԼԻ

Դե՛, տա, է՛:

ՊԵՊՈ

Անկճիտ բամբակը հանե, տո՛, էն մարթն ասում է թե՝ միտս չէ, կոսե, դավթըրներումս չիմ գտնում, կոսե, բարաթը բի՛, ասում է, ու փուղը տար, կոսե:

ԿԱԿՈՒԼԻ

Աստուձ գիդենա, Պեպո, զարթնի դնքսիլը ուրիշ ճար չկա: Դուն ինձ թող. էն Օրթաճալեմեն վուր յիդ է գալի, ձեռնիրը էհենց դարսած, (*Ձեռքերը հետևն է դարսում և մի քանի քայլ անցնում Արութինի նման:*) Հեստիկ շինիմ: Հեստիկ շինիմ, վուր սեփիլի բայաթի կանչիլ տամ ես նրան:

ՊԵՊՈ

Էրանի՛ քիզ, Կակուլի, վուր քուր չունիս մարթու տալու:

ԿԱԿՈՒԼԻ

Էտու համա էլ դարդ չէի անի. ձիզ պես կուպեծներու էղնեն չէի ընզնի: Վիրչի կիննտոյին կու փոխիմ նրանց հիդ: Միզ վուր ստիղծիլ է Աստուձ, թռչունի հանզն է ստեղծի՝ օր դաղրինք, օր ուտինք, էլ մեռնելիս անդերձի գլուխս ո՞վ ունե, տո՛:

ՊԵՊՈ

Լա՛վ է, լա՛վ, խելքիտ մի՛ զոռ տա, հերիք է. զնա էն մուրծեքը մորթոտե, նստինք մե-մե թիքա չողլամիշ ըլինք, իժում տեսնինք՝ Աստուձ ի՞նչ է տալի:

ԿԱԿՈՒԼԻ

Հա՛, էտ իմ խելքի բան է, մե սուփրեն վո՞ւրդի է, էստունք հիդ դարսինք:

Վերցնում է կապոցը:

ՊԵՊՈ

Էս սհաթիս... (*Մութաքաները մի կողմ է դնում և թարեքից վայր է բերում հին ձևի կապույտ նախշուն սփռոց, փայտե դեղին գդալներ և մի քանի ափսե:*) Ա՛յ, բի՛:

Սփռոցը բաց է անում տախտի վրա և իրեղենները վրան դարսում:

ԿԱԿՈՒԼԻ, *չոքում է տախտի վրա, թևով գլխարկը հետ է քաշում ճակատից և կապոցը բաց է անում, հետո թաշկինակից հետ դարսելով սփռոցի վրա՝ մի կտոր դոշ, կանաչի, լոշ և մոթալ: Դոշը և մոթալը կաղամբի թարմ տերևներում:*

Մտի՛կ էս ալաբալուխին, է՛, էս էլ կանանչի, էս էլ լոշ, էս էլ մոթալ:

Դատարկ թաշկինակը վերցնում է:

ՊԵՊՈ, *մոթալը զննելով և տխուր:*

Լավն է երևում:

ԿԱԿՈՒԼԻ

Իժում էս կանաչուն ի՛նչս ասում...(*Վեր առնելով կանաչին և թափ տալով:*) Մտիկ է՛. կոսիս կանաչ մախմուր ըլի:

ՊԵՊՈ, *միշտ տխուր:*

Ղոչաղ իս,Կակուլի, մե ստաքնիր էլ բերիմ:

ԿԱԿՈՒԼԻ, *տեղից վեր թռչելով:*

Վա՛, միխկ չէ՞, էս հանգի գինին ստա՞քնով կու խմի՛ն. հոքուտ ի՞նչ իս ասում... (*Գլխարկն ուղղելով գնում է կես-թունգանոցը վերցնում:*) Տո՛, էն քի՛ղանը բի, վուր խմելիս էրեսարքը մեչն էրևա քրիստոնի պես, է՛:

Կես-թունգանոցը տանում դնում է սփռոցի վրա:

ՊԵՊՈ, *նույն միջոցին, գնալով:*

Գիդիմ, գիդիմ... (*Թարեքից վերցնում է և բերում մեկ հատ քրեղան, մի քանի գինու բաժակ և արծաթազարդ փայտե կուլա:)* Հը՛, էս էլ քու քիղանը, էս էլ վրեն ավել, թե գուզիս: *(Բոլորը դարսում է սփռոցի վրա և կարգի բերում:)*

ԿԱԿՈՒԼԻ, վերցնելով կուլան:

Օ՛հ, քու հոքուն մեռնիմ, Պեպո ջան... Ի՛նչ լոթին իս էլի՛, տո՛... Ա՛յ դայիդի բա՛ն... (*Բարձրացնելով դատարկ կուլան բերանից փոքր ի՞նչ հեռու, իբր թե խմում է:)* Կըլ կըլ կըլ կըլ կըլ կըլ կըլ... Ջա՛ն... Հոքիս չեմ խնաիի էտ քու բլբուլի ճկճկուցին... Ը՛հ... (*Համբուրում է կուլան.*) Չարդ տանիմ ես:

ՊԵՊՈ

Ա՛խ, Կակուլի ջան, պիտի դարդ չունենամ, վուր լավ ըլի:

ԿԱԿՈՒԼԻ

Տո՛, մարթ ես հանգի հոքեվուրթի ունենա, էլ դարդը ի՞նչ վուտնիրիս է:

Կուլան վայր է դնում սփռոցի վրա:

ՊԵՊՈ

Լա՛վ է, լա՛վ ...Դե՛, գնա՛, էլ մի՛ ուշացնի. էստունք յիս կարքի կու բերիմ:

ԿԱԿՈՒԼԻ

Մե ձո՛ւզն էփիմ, մե ձո՛ւզն էփիմ, Պեպո ջան, (*Գնալով:*) քեփըդ բաց ըլի:

Մտնում են դիմացի դռնից՝ Շուշանը դաթիքայով և Գիքոն գլխարկով ու ձեռնափայտով:

ՏԵՍԻԼ Ը

ՆՐԱՆՔ, ՇՈՒՇԱՆ, ԳԻՔՈ

ԿԱԿՈՒԼԻ

Բարո՛վ, դեղի ջան:

Պեպոն անշարժ ու հետաքրքրությամբ նայում է Շուշանին:

ՇՈՒՇԱՆ, Կակուլուն:

Ա՛պրիս, վուրթի:

ԿԱԿՈՒԼԻ

Օ՛, աղա Գիքո, բարով յիս ու դուն: (*Առաջ գալով և Պեպոյին՝ ցածր:*) Մրա վրա լավ ղոնաղ չգթա՞ր, տո՛:

ՊԵՊՈ

Մո՛ւլափ... (*Շուշանին:*) Ի՞նչ իմացաք:

Կակուլին Գիքոյի ետևից նրա նման իբր թե քթախոտ է քաշում, բայց իսկույն դադարում է և ուշադրությամբ լսում խոսողներին:

ՇՈՒՇԱՆ

Էլ ի՛նչ իմացա. գեղինը պատռե ու ինձ դեվեր տանե: Թե էսօր չճարեցինք, Պեպան ջան, էս գիշիր դիփ մետի մոշլա է ըլում... Ա՛յ յիրգնքեն առնիս մազիերն, Արութին: (*Ղաթիբան վեր առնելով:*) Նա խո էսօր չի տա ու, ուրիշ տիղ ո՞վ ի՞նչ կու ավտա միզ: Էլի՛ հոքուն վրա հասա էն կապ-կտրած Նաթելին, թե չէ էն է վիրչի խուսկն էր տանում նուր ախչկա տիրուչմեն էն միր սիվերես փեսի մող: Սատանեն անի նրա դիվանը, հըա՛:

ՊԵՊՈ

Տո՛, փեսիմեն ի՞նչ իս ուզում. Ի՛նչ խոստացել ինք պիտի տա՞նք թե չէ: Նա էլ մարթ է, գլխին գդակ ունե ծածկած, միզմեն էլ վո՞ւրդի խափվի. աշխարքն ալան թալան խո չէ՞... էնղադա ասի, վուր մո՛ւլափ, դեղի, ջեր փուղը դուս գա, իժում էինք նշնի. ամա ձիր օխտեմեն ո՞վ գու քա... Ի՛նչ հաջաթ ու, ուր կու կորչի ու, Արութինը միր միխկն ի՞նչ կոնե ու, հա՛շա խոմ չի ուտի ու դե՛, գնա՛ առ, տեսնիմ վո՞ւնց իս առնում:

ԳԻՔՈ, նստել*ով սեղանի մոտ և երկար հոգվոց հանելով:*

Ա՛խ, իմ գոզալ բարա՛թ... յարաբ վո՞ւնց կորար:

Խփում է ծնկանը:

ՊԵՊՈ

Ձենդ, Գիքո՛, թե չէ մասաբս գիդենա, ի՞նչ ջիգրն ունիմ, դիփ քիզ վրա կու հանիմ էս սիաթիս: Դուն վուր չէիր խառնվի էս բանումը, էս խայտառակութինն էլ չէր գա մեր գլուխը, ջհա՛նդամը փուղի գլուխը, նրա մոզոնողին էլ ի՛նչ ասիմ:

ԳԻՔՈ

Ա՛խ, Պեպո, վուրթի, չիս գիդի թե սիրտս ի՛նչ հանգն է փոթոթի գալի... Ի՛նչ անիմ: Ի՛նչ ասիմ... Լավ կոնիս՝ սպանիս ինձ, պրծնիմ գնամ դինջանամ:

ՊԵՊՈ

Աբա էտ խո՞սկ է, վուր դուն իս ասում, Գիքո՛... Տեսնում իս՝ սաղ օձոռքը գլխիս քանդվում է, էլ ի՞նչ իս, էս ջգրած վուխտը, ցավիս վրա նուր ցավ ավելացնում... Մե իմ դարդն էլ իմացի, հեր օրհնած, է՛:

ԳԻՔՈ, *խորը հոգվոց հանելով և ցածր:*

Ա՛խ,ա՛խ,ա՛խ...

Ձեռքով աչքերը սրբում է:

КԱԿՈՒԼԻ

Մո՛ւլափ, մե բան ասիմ յիս, Պեպո. օմքին վկա չկա՞, վուր վրահասու ըլի էտ պարտկի՛ն:

ՊԵՊՈ

Միթա՛մ դուն էլ խիլքիտ զոռ տվիր. էտով վուր բան էր դառի, խո էս խաթաբալեն էլ չէր ըլի:

ԳԻՔՈ

Ա՛յ, վկա չի՞մ, բաս ի՛նչ զահրումար իմ... ամա վուր չէ ըլում:

ԿԱԿՈՒԼԻ

Վա՛հ, ի՞նչի՞:

ՊԵՊՈ, *Կակուլուն:*

Էս բանումը վկա-մկա չի ըլի,կոսե, չի՞ս իմանո՛ւմ:

ԿԱԿՈՒԼԻ, *առանձին, գլուխը շարժելով:*

Չէ՛, յիս նրան պիտի հարիմ:

ՇՈՒՇԱՆ

Ախր, էն օրը էն սիվսրտովն ի՞նչ ջուղաբ էրիտ կտրական:

ՊԵՊՈ

Միթամ ջեր չիս իմացի... Ասավ՝ յիս միտս չունիմ, կոսե, դավթըրներումս չէ էրևում, կոսե, թե բարաթ իմ տվի ձիզ, բերեք ու փուղը տարեք, կոսե:

ՇՈՒՇԱՆ

Բաս միթամ հաշա՞ է ուզում ուտի՛: Էտ վունց կոնե, Պեպան, աբա քիմեն չիմ արմնո՛ւմ: Էնենց հարուստ մարթը լայի՞ղ պիտի անի էտ հանգի բա՛ն: Նրա համար հարուր թումանն ի՞նչ - մե գրոշ, վուր ուզենա բաշխելով էլ կու բաշխի:

ՊԵՊՈ

Վո՜ւնց չէ, դեմ է բերում:

ՇՈՒՇԱՆ

Ա՛յ, կու տեսնիս թե չէ... (*Լացի ձայնով*:) Կեհամ, առչիվը կու չոքիմ, լաց կուլիմ, իր վուրթկերանց արիվ սաղաղա գուզիմ, օրթում կուտիմ, վուր թե միր մեչը բարաթ լուսընգնի, թիքա-թիքա անե միզ, բաթըլնամա կու տամ, տասը վկի ձեռք կու քաշիլ տամ, մի օր հոքի ունե տալու, իր հոքեմոն ձեռը վո՞ւնց կու վիկալնե:

ՊԵՊՈ

Մո՛ւլափ, մո՛ւլափ, դեղի, դո՛ւն մո՛ւլափ, յիս կէհամ, յիս, էս սիաթիս հիդ գու քամ, ինչրու դուք նստեցեք:

ՇՈՒՇԱՆ

Ջեր մե թիքա հա՛ց կի. մե սիաթ առաչ ըլի, հիդ ըլի, դիփ մեկ է:

ՊԵՊՈ

Չէ՛, ինչրու չտեսնիմ, բողազումս հաց չի դեվեր զնա, շուրիրս վո՞ւրթենն է:

ՇՈՒՇԱՆ

Էրեզ զանդուկը դրի:

ԿԱԿՈՒԼԻ

Յիս էլ գա՞մ, Պեպո:

ՊԵՊՈ

Չէ՛, դուն զնա՛ բանիդ տիս, էս սիաթին գալիս իմ:

Դուրս է գնում աջ դռնից:

ԿԱԿՈՒԼԻ

Դուն գիդիս... (*Խփելով իր կրծքին:*) Ա՜խ, Արութի՜ն, ես թե քու օխտեմեն չէկա ու կու տեսնիս:

Դուրս է գնում դիմացի դռնից:

ՏԵՍԻԼ Թ

ՇՈւՇԱՆ, ԳԻՔՈ

ԳԻՔՈ, *նստած սեղանի մոտ, քթախոտ քաշելով:*

Է՛հ, Աստո՛ւծ, օրհնվի քու դաղաստանը:

ՇՈՒՇԱՆ, *նստում է տախտի վրա և ձայնը երկարացնելով:*

«Ա՛խ, Աստո՛ւծ, վա՛խ, Աստո՛ւծ, վուրին կու տաս սելով փետ, վուրին չիս տա ցախ, Աստո՛ւծ»:

ԳԻՔՈ

Հա՛, հա՛, Շուշան:

ՇՈՒՇԱՆ

Է՛հ, օրհնվի նրա դազզահը. վուրին էնդադա դովլաթ է տալի, վուր իր դովլաթը չէ կանացի մարսի, ու վուրիմեն օրվան թիքեն խլում է ու էն էլ դովլըթավուրին է տալի... Փառք իրան, իր կամքն է, հալբաթ միր ճակտին էս էր գրած:

ԳԻՔՈ, *մոտենալով սփոցին:*

Էլի՛ Աստուծ օղորմած է, Շուշան... (*Վերցնելով դոշը և գլուխը շարժելով:*) Ի՛նչ դիամաթ իմքին է՛:

Դոշը կրկին իր տեղն է դնում:

ՇՈՒՇԱՆ, *առանձին*.

Քու ա՜ճկն էլ... (*Գիքոյին*.) Էլ ի՞նչ օղորմած է, ջուրն էկիլ է ու միզ տարիլ է: Էն անաստուծը վուր էլի՛ մի բան մոցոնե ու փուղը չտա էսօր, յարաբ ի՞նչ կուլի մեր չարեն. Ճլե՛րք կու ընգնի խիղճ ախչիկս: Թավաթ օրն օրվան վրա հալվում է, էլ ի՞նչը կու ապրեցնե նրան: (*Լացով*.) Խի՜ղճ իմ Կեկել, նորչի արիվդ պիտի փչանա, էլի՛, թագի մազիեր սիվ գերեզմանը պիտի մտնիս...

Լաց է լինում:

ԳԻՔՈ, *լացի ձայնով*:

Օ՛հ, օ՛հ, օ՛հ...

Դուրս է գնում ձախ դռնից աչքերը սրբելով, իսկ աջ դռնից մտնում է Պեպոն զարդի հագուստով, գլխարկը ծածկած, արխալուխի մի քանի կոճակը բաց, քամարը կապած և նրա վրա գոտիկը կապելով:

ՏԵՍԻԼ Ժ

ՇՈՒՇԱՆ, ՊԵՊՈ

ՇՈՒՇԱՆ

Տո՛, ախար, ջեր մե թիքա հաց կուտեիր:

ՊԵՊՈ

Հաց չէ, զահրումար ուտիմ... Ի՞նչ կոնիմ հաց, զանա հա՞ցի արժանի ի՞մ... *(Գոտիկը կապելով:)* Հացը վուր ստիղծած է, զանա ի՞նձ համա է ստեղծա՛ծ, հացը վուր յիս ուտիմ, աղա՛ Արութինը ի՞նչ ուտե: Նա էլ հաց ուտե, յիս էլ հաց ուտի՛մ... (*Դառը ծիծաղելով*:) Հըա՛, հըա՛, հըա՛...

ՇՈՒՇԱՆ

Միվցիլ էր իմ օրը, ահըա՛:

Աչքերը սրբելով դուրս է գնում ձախ դռնից:

ՏԵՍԻԼ ԺԱ

ՊԵՊՈ, *մենակ, արխալուխի կոճակները վեր զցելով:*

Գնա՛, Պեպո՛, գեղինը լիզե, խալխի վուտներուն պաչ արա, նրանց վուտի ցիխը լկե... Ո՞վ իս դուն, ի՞նչ իս դուն, ի՞նչ մարթահեսաբումն իս դուն, ի՞նչ անուն ունիս դուն... Ցիփոր զուզին, վուտի տակը կու զցին քեզ, վրետ կու ման զան, գետնի հիդ կու հավըըրին...ի՞նչ հաջաթ, ջիանճվելի վրա ի՞նչո՞վ իս ավել... Դուն խո մարթ չիս, մարթկերանց համա կերակուր է ստեղծի քեզ Աստուաձ... Գիշիր չարչըրվի, ցերեկ չարչըրվի, յիրգնքի տակը լուսացրու, անձրըվի ու քամու հիդ կռիվ տու, ձմեռը ցրտեմեն կոնկոռնա, ամառը արեզակի շուքումն էրվի ու խորովի... գնա էնենց մե թիքա հաց ճարե ու էն թիքա հացով դեղիտ ու քվիրդ պահե... Էս ի՞նչ, ի՞նչ մարթութին... էսենց շունն էլ է ճարում մե թիքա, վուր տունը պահում է... Միթամ դուն էլ շուն իս... քանի աշխրքիս էրեսին ման իս զալի, դուն էլ շան պես կերակրվի... Էս ի՞նչ մարթութին է... Մարթ էիր ուզում դառնալ կեհեիր մարթիք կու թալնեիր, զողութին կոնեիր, իմ նման խեղճերուն կու զրնեիր, քսանուհինգ հազար տիղ արեն արտըսունք կու թափիլ տեիր, էն արտըսունքնիրը փուղ կու շինեիր ու էն փուղով օսկե տնիր... Մեչը փառավոր ման զու քեիր... դրոշկա, ձիանիր կու սարքեիր, քսանուհինգ ինձպեսին գլխիտ դարավաշ կու կանգնեցնեիր... Ա՛յ, էն չախը կոսէի քիզ՝ մարթ իս. Պեպո, ի՞նչ մարթուն պիտի... ի՞նչ քեփդ զուզեր, էն սահաթին կու ճարեիր... էն չախը դիփունքը քիզ գլուխ կու տեին, կու մեծրեին, պատիվ կու տեին ու մեկս մեկու գլուխ կու կոտրեին, վուր քու աճկը նրանց վրա քաղցր ըլի:

Դուրս է գնում դիմացի դռնից:

ԱՐԱՐՎԱԾ ԵՐԿՐՈՐԴ

Հարուստ դահլիճ Արութինի տանը: Աջ, ձախ և դիմացը դռներ ամենաշքեղ դրապրիներով զարդարված: Վերջի դուռը բացվում է դեպի նախասենյակը, որի լուսամուտներից երևում է պարտեզը: Դահլիճի հատակը ամբողջապես ծածկած է գորգով, իսկ առաստաղից կախված է ոսկեզօծ ջահ հանգած մոմերով: Աջ կողմը՝ ընկողմարան քուշեթ, ձախ կողմը՝ մեծ հայելի և բազմոց, որի կողքին ամենաթանկագին սփռոցով ծածկած սեղան և նրա վրա հանգած լապտեր: Մնացած տեղերում, ուր հարկն է աթոռներ, բազկաթոռներ, փոքրիկ սեղաններ, վազաներ կինկետներ ու կանդելաբրներ դարձյալ հանգած մոմերով, արմավենիք, կիտրոնի և ուրիշ ծառեր, ծաղիկներ, ալբոմներ և պատկերներ: Դիմացը, դռան աջ կողմը՝ փակած դաշնակ իր բոլորակ աթոռով, իսկ ձախ կողմը՝ վառարան և նրա վրա դրած զեղեցիկ ժամացույց, որի սլաքները ցույց են տալիս ժամը ճիշտ երկուսից քառորդ պակաս: Ժամացույցը բանում է: Սկզբում բեմը փոքր ժամանակ դատարկ է: Ցերեկ է:

ՏԵՍԻԼ ԱՌԱՋԻՆ

ԳԻԳՈԼԻ, *հետո* ՍԱՄՍՈՆ

ԳԻԳՈԼԻ, *երևում է դիմացի դռան շեմքում մեկ մշակի հետ, որի ձեռքին մեկ մեծ և բավականին ծանր զամբյուղ զանազան իրեղեններով: Զամբյուղում կա՝ շամպայն, կասիս, սարդին, զուրգիել, թիթեղի արկղիկով խավյար, Շվեյցարիայի պանիր, վարունգ, առանձին-առանձին թղթերի մեջ կարմիր ու սպիտակ ընտիր կեռաս, մի ուրիշ թղթում կարկանդակ:*

Լավ, թող: (*Վերցնելով գլխարկը զամբյուղն առնում է մշակի ձեռքից, մշակը գնում է, իսկ ինքը դժվարությամբ ներս է բերում զամբյուղը, վայր դնում և հոգնած ընկնում դիմացի դռան մոտ դրած աթոռի վրա:*) Ու՜ֆ... (*Փոքր ժամանակից հետո գլխարկով սրբում է ճակատը և ցածր ձայնով կանչում:*) Սամսո՛ն, Սամսո՛ն, (*Մոտենալով աջ դռանը, նորից կանչում է:*) Սամսո՛ն (*Սամսոնը դուրս է գալիս նույն դռնից արխալուխի կրծքի կոճակները բաց, ձեռքին շամպայնի զավաթ՝ սպիտակ երկար սրբիչով մաքրելիս:*) Աբա՛, գեթաղվա, Սամսոն ջան, գնա՛ չուստ, ախչիկ - պարոնին իմաց արա:

ՍԱՄՍՈՆ

Էկա՞ր, ի՞նչի ուշացար, կրակ է վեր ածում ախչիկ-պարոնը:

ԳԻԳՈԼԻ

Վա՜, յիս ի՞նչ անիմ, հեստի բան ասավ, վուր սաղ աշխարքը ման էկա, չճարեցի:

ՍԱՄՍՈՆ

Վա՜:

ԳԻԳՈԼԻ

Ումը հարցրի, վրես ծիծաղեցան, կա՞կլի տոլ էլ, ասում է, կլուբնիկ կուլի, կոսե՜:

ՍԱՄՍՈՆ

Հալբաթ կուլի, վուր ասավ... (*Զննելով զամբյուղը*.) Մնացածը դիփ բերի՞ր:

ԳԻԳՈԼԻ

Դի՜փ, դի՜փ, ամա էն մունդռեկ կլուբնիկը չճարեցի: Էքուցութին կի մե տիղ խոստացան, կուլի ճարինք, կոսե:

ՍԱՄՍՈՆ

Հոքուն կու վրա հասնի, ղոնաղլուղութինը էսօր է, էքուց խո չէ՜:

ԳԻԳՈԼԻ

Բաս ի՞նչ անիմ, Սամսոն ջան: Չի ըլի՞, վուր առանց էն յոլա գնա բանը: Հեստի բալիք իմ բերի, վուր ամեն մեկը կոսիս գոմշի աճկն ըլի:

ՍԱՄՍՈՆ

Թե ինձ կու հարցնիս, Գիգոլի, առանց էտ բալին էլ փուրը լավ կու կշտանա, ամա ախչիկ - պարունի խասիաթը գիդիմ, վուրդիոր ըլի, պիտի ճարիս, Կալոնիումը, նեմեցներու բաղերումը, էնդի հարցրու:

ԳԻԳՈԼԻ

Հոքիս դուրս էկավ, ի՞նչս ասում... Դուն գնա իմաց արա... (*Նստում է նույն տեղը, իսկ Սամսոնը գնում է դեպի ձախ դուռը*.) Խիստ դադրեցա:

Նայելով այն դռան կողմը, հանկարծ տեղից վեր է թռչում:

ՏԵՍԻԼ Բ

ՆՐԱՆՔ, ԷՓԵՄԻԱ

ԷՓԵՄԻԱ, *դուրս գալով նույն ձախ դռնից, ամենաշքեղ հագուստով և ակնեղեններով զարդարված։*

Օ՛հ, չարա էլա՞վ, էսենց ուշանալն էլ ի՛նչ է։ Հորես դռնաղնիրը մոդ կուլին, յի՞փը պիտի վրա բերեմ, էլի՛ աշխրքի բան կա։

ԳԻԳՈԼԻ

Հենդադա ման իմ էկի, ախչիկ - պարուն, Աստուձ գիդենա, էլ ծնգներումս ջան չկա։

ԷՓԵՄԻԱ

Ջանդ դուս գա, մա՛ն արի, բաս յես ման գամ։ Աբա՛, հիդ դարսե, տեսնեմ ի՛նչ իս առի։

Նստում է։

ԳԻԳՈԼԻ, *զամբյուղը բերում դնում է Էփեմիայի մոտ, առջևը չոքում է մեկ ծնկան վրա և մեկ-մեկ ցույց տալիս նրան միջի իրեղենները։*

Ա՛յ, ախչիկ-պարուն, էս շանփանսկիքը տասնութ աբասեն պակաս չտվին բոթլիկեն, յիրիք բոթլն է, թե ավելանա մեկը պիտի հիդ վիկալին, էնենց իմ բարիշած, էս էն կարմիր լիկորը, ֆրանցուզեմեն առա, չորս ու տաս շահի առավ անիծածը, էս սարդինկեքը, պերվի սորտ, թամամ կեսդուժին է, վունցոր ասիր, խելի վուխտ հերիք է, էս Դոնու զուրգիել, էս կարոբկումը ժիտկա, մի ջուխտ մինձերեմեն բերի, պստըկնիր լավը չկեր, խիստ թազեն է, նուր բաց արին, օրթում հավատ արավ, վուր էստու վրա լավը չի ըլի, կոսե, էս գրանիցի պանիրը դեղին քարվա ըլի հենց գիդենաս, մտիկ, է, էս նեմեցու բալին, էրկուռանգն է, այ, ամեն մեկը մե գրվանքա. (*Հանելով թղթերից մի քանի հատ կեռաս:)* Ճեոս կու կտրիմ թե էստու վրա լավը կու ճարվի, էս խիար, ի՛նչ շուշեքն է, տիս, ախչիկ-պարուն, էս պիրոժնի, կանդիտրի շինածեմեն վեր չի գա, բուլկիքն էլ հորես կու բերին:

ԷՓԵՄԻԱ , *տեղից վեր թռչելով:*

Վո՞ւնց թե վեր չի գա, աբա էստի շանց տու, բաս վո՞ւրդի առար:

ԳԻԳՈԼԻ, *վերցնելով կարկանդակը և իսկույն ուտքի կանգնելով:*

Միչի փողոցումը:

ԷՓԵՄԻԱ, *իր թշին ձեռք դնելով:*

Աբա էտ արարմունք է, Գիգոլի՛, ես քեզ չասի՞, թե ֆրանցուզի մոդ առ:

ԳԻԳՈԼԻ

Դիփ մեկ է, ախչիկ-պարուն, Աստուձ գիդենա, գրվանքումը մի աբասի անմիդ ավելի ո՞ւր էի տվի: Տես ի՛նչ լավն է:

ԷՓԵՄԻԱ, *զննելով կարկանդակը:*

Աբա, վիս էկաղրեբա, նրանց հատն ու կտուրն է, էսենց բեղասլութինն էլ ի՞նչ է: Տար, տար, էսսհաթիս հիդտու: Ի՛նչ ասում իմ քիզ, լսե, դուն քու գլխմեն բանիր մի մոգոնի: Ուրի՞շ... (*Մտածելով:*) Ուրիշ ի՞նչ ասի, միտս չէ գալի:

ԳԻԳՈԼԻ, *կակազելով:*

Կլուբ...նի..կա:

ԷՓԵՄԻԱ

Հա՛, դուրթ, վո՞ւրդի է:

ԳԻԳՈԼԻ

Չճարեցի, ախչիկ-պարուն:

ԷՓԵՄԻԱ, *թուշը վեր բերելով և սաստիկ նեղացած*:

Վո՛ւյ, քոռանամ յիս:

ԳԻԳՈԼԻ

Վուր չկա, ի՞նչ անիմ:

ԷՓԵՄԻԱ, *բարկանալով*:

Գժվիլ ի՞ս, թե ի՛նչս ասում: Էրեզ իմ աճկով տեսա ու իմ բերանով կերա Դանդումանինց տունը: Ի՞նչ կոսե խալխը, նրանց տա՞նն ըլի ու իմ տանը չէ՛: Գնա՛, զնա՛, էս սհաթիս բաղե բաղ ընգի, դրոշկա բռնե ու վուրդիոր ըլի հենց էս սահաթիս էկետ ճարե, թե չէ էլ հոքով ու մարմնով ինձմեն չիս պրծնի... Ի՞նչ իս կանգնի, չիս իմանո՞ւմ, քիզ իմ ասում:

ԳԻԳՈԼԻ

Գնում իմ, զնում իմ, ախչիկ-պարուն:

Կարկանդակը դնում է զամբյուղը և կամենում է գնալ:

ԷՓԵՄԻԱ

Գժվիլ ի՞ս, թե ի՛նչ Աստուծ է խռովի, էտ պիրոժնին էլ տա՛ր, է՛:

ԳԻԳՈԼԻ, *կարկանդակը վերցնելով*:

Տանում իմ տանում, ախչիկ-պարուն... (*Փնթփնթալով*:) Ցիս էլ չիմ իմանում, ինչ իմ անում:

Շտապով դուրս է գնում դիմացի դռնից:

ՏԵՍԻԼ Գ

ԷՓԵՄԻԱ, ՍԱՄՍՈՆ

ՍԱՄՍՈՆ

Իստակ շշկլեցրիր, ախչիկ-պարուն:

ԷՓԵՄԻԱ, *հոնքերը կիտած այս ամբողջ տեսիլում*:

Քիզ ո՞վ է հարցնում, էրնեկ գիդենամ, դուն տար էստունք կարքի բի ու չալիշ արի ինձ չամանչեցնիս էսօր, Սամսոն, թե չէ, էլ ինձմեն չիս պրծնի:

ՍԱՄՍՈՆ

Դիփ լավ կուլի ախչիկ-պարուն:

ԷՓԵՄԻԱ

Ինչ ասիլ իմ, լավ միտդ պահե, դիփ լազաթով ըլի, ամեն բանը իր վուխտը մոդ զա, մե խոսկով՝ մազը մազեմեն չանցկացնիս:

ՍԱՄՍՈՆ

Դիփ, դիփ ախչիկ-պարուն:

ԷՓԵՄԻԱ

Ու դուն էլ էնենց հաքի, վուր դիփունանց աճկը վրեն մնա, սոսանի ատլաս ախալուխը, սիպտա չերքեզկեն, մաջեքը կարքով հիդ կու ծալիս, էրծթե քամարը...

ՍԱՄՍՈՆ, *խոսքը կտրելով*:

Խանջալն էլ կապի՞մ, ախչիկ-պարուն...

ԷՓԵՄԻԱ, *շարունակելով*:

Բաս, քա՛, էնդուր խո չբախշեցի վուր զանդկումդ պահիս,

խանչալն էլ կապե ու *(Ձախ ձեռքը աջ ուսից կրծքի վրա տանելով մի՞նչև ձախ կողմը:)* սապիրիս ծամլեն էլ շինե: Մի խոսկով՝ դիփունի մոդ լազաթի էրնա, վուր դիփունք ասին, վուր մարթ իս ու մարթու տանն իս դուլուդ անում:

ՍԱՄՍՈՆ

Վո՞ւր օրը լազաթով չիմ էլի՛, ախչիկ-պարուն:

ԷՓԵՄԻԱ

Քու գլխի պատովիլը գիդենա, մեկ էլ հիմի իս լազաթով, արա էտ ի՞նչ կարք է, լեվրելեր ման իս գալի: Քանի ջեր իմ քիզ ասի, վուր էտենց ինձ մոդ մի տուն գա, օքմիս տեսնե, ի՞նչ կոսե: Չէիր կանա դոշիտ կոճակները կապի: Լաքիեն պիտի լաքիա ըլի: Աճկիրդ բաց արա, էլի՛, տեսնում իս խալխի լաքիեքը վունց են ժաժ գալի, դուն էլ էնենց ժաժ արի, էլի՛, նրանցմեն պակաս մարթու վուրթու մոդ ի՞ս, թե ինչ է:

ՍԱՄՍՈՆ

Ձեռիս բան ունիմ, ախչիկ-պարուն, խո տեսնում իս:

ԷՓԵՄԻԱ

Տուտուց-տուտուց մի խոսի, յիս քեզ ի՛նչ ասում իմ, դուն իմը լսե: Մի խոսկով՝ իստակ կարքի, քաղաքավարի տուն ու դուս կոնիս (*Առանձին, կիսաձայն:*) թող տեսնին ու ճխկվին... (*Սամսոնին:)* Մեկել լաքիերու աբով չթողնիս, փարվընի պես ման զու քաս սուփրի բոլորքը, մե տիդ իմքին մաշուր արիր թե չէ, էն սիաթին դրստե... Բլուղնիրն էլ առչի զամն ինձ մոդ կու բերիլ տաս:

ՍԱՄՍՈՆ

Ի՞նչ կոսին ղոնաղնիրն, ախչիկ-պարուն:

ԷՓԵՄԻԱ

Է՛լի... Մոդեն դո՞ւն լավ գիդիս թե յիս, թող տեսնին ու

սովրին (*Մտածելով։*) էլի՜ ի՞նչ էի ուզում ասի... (*Մտաբերում է։*) Հա... (*Մի քանի քայլ գնալով։*) Դուն տար էտունք տիղավուրէ ու տիս մտեղ չգցիս ի՞նչ ասի, իըա՜...

Ցուցամատով սպառնում է նրան և շտապով դուրս գնում ձախ դռնից։

ՏԵՍԻԼ Դ

ՍԱՄՍՈՆ, *մենակ։*

Էս հազի էլ ախչիկ-պարուն, դաղդըղանի իմ էկի, էլի՜... էս կոճակդ կապէ, էս էսենց հաքի, էս էնենց ման արի, չիմ գիդի, թէ ի՜նչ է ուզում ինձմեն... Փի՜է, դավի է դըրուստ, էլի՜... Տո՜, քիզ ի՞նչ, ես խո իմ բանը շինում իմ։ (*Լռություն։*) Օ՜հ, հո՜, հո՜, շատ ախչիկ-պարնիր իմ տեսի, շատ նըանց բույուր-միշնիր իմ լսի, ամա սա չափեմեն անց կացավ։ Մէ տեր հարցնող ըլի, թէ ո՞վ է, ո՞ւմ վուրթի է, իր հորանց տանն, ասում ին շապիք չուներ հաքնելու... ու հիմի՝ փառասիրութենեմեն տրաքվում է։

Ձեռքը ձեռքին է խփում։

ՏԵՍԻԼ Ե

ԱՐՈՒԹԻՆ, ՍԱՄՍՈՆ

ԱՐՈՒԹԻՆ, *ներս մտնելով դիմացի դռնից, գլխարկը ծածկած։*

Ի՞նչ խաբար էր, ի՞նչ ձեն էկավ:

ՍԱՄՍՈՆ

Վունչիչ, աղա:

ԱՐՈՒԹԻՆ

Վո՞ւնց թե վունչիչ, իմ անգձովս իմացա, ո՞վ էր էստի:

ՍԱՄՍՈՆ

Օչով, աղա, ախչիկ-պարունն էր:

ԱՐՈՒԹԻՆ

Ախչիկ-պարունը՜... Ի՞նչ էր ասում:

ՍԱՄՍՈՆ

Ա՜յ, աղա, Գիգոլին էստո՜ւնք էբի էս սհաթիս, էլի՜ ինչի համա էլ դրգից նրան ախչիկ-պարունն ու ինձ հրամայում էր, վուր էստո՜ւնք տիղավուրիմ:

ԱՐՈՒԹԻՆ

Հա՜... Դե՜, տիղավուրե, էլի՜, էլ ի՞նչ իս շինում: Ինչի՞ր է էտի:

ՍԱՄՍՈՆ

Խմիչկ է, մրքեղեն է, զակուսկեք է:

ԱՐՈՒԹԻՆ, *զամբյուղը զննելով*:

Օ՜հ, Օ՜հ, Օ՜հ, Օ՜հ, կոսիս շահ-զադի վուրթիք ունենանք մեձրած: Դե տար... (*Սամսոնը կամենում է վերցնել զամբյուղը:)* Ինչ իմ ասում, քանի՞ պրիբոր իս պատրաստո՜ւմ:

ՍԱՄՍՈՆ

Ախչիկ-պարունը հրամայից, վուր դրուստ քառն ու չորս պրիբոր ըլի դարսած, կոսե:

ԱՐՈՒԹԻՆ

Ախչկաս մոդ խո չղրգի՞ց քիզ:

ՍԱՄՍՈՆ

Չէ՛, աղա, վունչիչ չէ ասի:

ԱՐՈՒԹԻՆ

Բաս երկու պրիբոր էլ ավելցրու ու էս սիաթիս գնա ախչկաս էլ ու փեսիս էլ խնդրե, վուր շնուրի բերին ու իմ մազիեր կոսիս՝ թե չի գա, խիստ բեղամազ կուլիմ, ասա... դե, գնա չուստ, բանդ տիս, մի ուշանա:

ՍԱՄՍՈՆ, *վերցնելով զամբյուղը:*

Էս սիաթիս, աղա:

Դուրս է գնում աջ դռնից՝ մեջքը ծռած զամբյուղի ծանրությունից:

ՏԵՍԻԼ Զ

ԱՐՈՒԹԻՆ, *մենակ, գլխարկը վեր առնելով և դնելով սեղանի վրա:*

Սիաթի երիքին էլ ճաշ կուլի... էհ, մախլաս: (*Հայելումը ուղղվում է:*) Չէ՛, ջեր էլի՛ լավն իմ... Ի՞նչս է պակաս, բոյիս շիմշատ է հենց գիդենաս, էրեսիս ռանգը կոսիս կարմիր վարթ ըլի, մազերս էլ սիվ սաթ, ի՛նչ անիմ թե ներկած է, ո՞վ ի՛նչ գիդե՝ ի՛նչ խաբար է: (*Նստելով ընկողմարանի վրա:*) Ջիել կնգա պես մարթու ջեհելացնող վունչիչ չի ըլի աշխրքումս, մարթու տարին էլ, քեփն էլ դիփ կնգամեն է: Օղորմած հոքի իմ առչի կնիկն էլ լավ աթմորթի էր, ամա բանի լազաթը չէր գիդի: Ի՛նչի նման էի էն չախը, հիմի մարթ իմ էրնում, ինչ մարթուն պիտի: Շատ ջեհել ֆրանտ տղա էրնեկ կուլի տալ ինձ... (*Շապիկի թևնոցները տնտղելով:*) Փրահ, սիպտա ձուն է, վուրդի էր էստո՛ւնք...*(Հոզվոց հանելով:)* Ամա էս մե բանը կի լավ չէ ըլում, վուր էսղադա փուղիր է մսխիլ տալի ինձ... ես վուր մի գրոշի համա հոքիս տալիս իմ... Փառք քիզ, Աստո՛ւձ, Փառք... էս էլ հալբաթ քու դիրք է... Քեփ արա, քեփ արա, Փեփել, ու դուշմնի աճկը հանե:

ՏԵՍԻԼ Է

ՆԱ, ԷՓԵՄԻԱ

ԷՓԵՄԻԱ, *մտնելով ձախ դռնից.*

Աբա էս օ՞րենք է:

ԱՐՈՒԹԻՆ

Ի՞նչ է:

ԷՓԵՄԻԱ

Միթամ չի՞ս գիդի... Ո՞ւզում իս մե բաշ թուլանամ, խա՞յտառակ ըլիմ խալխումը:

ԱՐՈՒԹԻՆ

Ի՞նչ է, վա՛:

ԷՓԵՄԻԱ, *շարունակելով.*

Դի՞փունքը վրես ծիծաղին, մե մատը մի՞ղր դառնամ աշխըրքումը:

ԱՐՈՒԹԻՆ

Տո՛, ախար, ի՞նչ է, մե ասա, է՛:

ԷՓԵՄԻԱ, *սուտ լաց լինելով*.

Էս է քու օրթում հավատը, վուր ինձ սիրում իս:

Աչքերը սրբում է.

ԱՐՈՒԹԻՆ, *ձայնը քաղցրացնելով և վեր կենալով տեղից.*

Ախար, սատանա խո չիմ, մե խոսի, է՛:

ԷՓԵՄԻԱ

Էլ ի՞նչ խոսիմ, մե բանը մե ջեր կոսին, հազար ջեր խոմ չի՛ն ասի:

ԱՐՈՒԹԻՆ

Տեր օղորմած Աստո՛ւձ:

ԷՓԵՄԻԱ

Ախար, փեսիտ ու ախչկատ վուր կանչում իս էստի, աբա ըլելու բան է:

ԱՐՈՒԹԻՆ

Է, լավ է քու հորն օղորմի, Փեփել. ախար, քինթն էրեսմեն վեր դու քա:

ԷՓԵՄԻԱ

Ես ի՞նչ միղ ունիմ:

ԱՐՈՒԹԻՆ

Էհ, հակառակ իս:

ԷՓԵՄԻԱ

Ցի՞ս իմ հակառակ...Ի՞նչ ասիս էրեսիս ասում է քու ախչիկը, վրես քինթը վեր է քաշում, մասխարա է զգում, ու հա՞կառակը յիս իմ... Մե խոսկին տասը ջուղաբ է տալի, ի՛նչ շառիր ասիս վրես է մոզոնում, խուղի հիդ հավարիլ է ինձ, ու հա՞կառակը յիս իմ... Իմ մամեն, ասում է, էլ խելք չունե, կոսե:

ԱՐՈՒԹԻՆ

Վա՛:

ԷՓԵՄԻԱ, *շարունակելով:*

Միթամ դիղիլ իմ քիզ, խիլքետ արիլ իմ, բուրթու պես վուրթենն ուզում իմ, էնթենն իմ զցում քիզ... վուղչ կայինքտ ուզում իմ զավթի յիս, ու հա՞կառակը յիս ի՛մ... էլ կանամ յիս նրանց էրեսը տեսնի՛. աթմորթին կու համփիրե էստո՛ւնք:

ԱՐՈՒԹԻՆ

Էլի՛ դուն պիտի համփիրիս, հե՛ր օխնած, էս սահաթիս ծնող իս հիշվում նրանցը:

ԷՓԵՄԻԱ

Յիս իմ ծնող հիշվո՛ւմ... Նրանց համա ես ծնող կի չիմ, դո՛ւշման իմ, գե՛լ իմ, շո՛ւն իմ, կա՛տու իմ...(*Լաց լինելով:*) Միվցիլ էր իմ օրը ու էս տո՛ւն չէի դրի: Ի՞նչ կոնիմ էս փա՛ռքը, էս պա՛տիվը, էս շո՛ւրիրը, էս ա՛կնեղեննները, թո՛ղ էլի՛ իմ տանը ընզած էի էլի՝ քա՛ղցած, ծա՛րավ, հացի հասրաթ ու էս օրը չէի տեսնի յիս...

Ընկնելով բազմոցի վրա լաց է լինում:

ԱՐՈՒԹԻՆ

Լա՛վ է, լա՛վ, Փեփել ջան, (*Լացի ձայնով:*) սիրտս մի պատռտի... յիս էլ լավ գիդիմ ի՛նչ պտո՛ւղներ ին, ամա ասում էի, միթամ խալխի խոսելու չդառնանք:

ԷՓԵՄԻԱ

Խալխն ի՛նչ գուզե ասե. նրա խոսելու հիդ վուր մարթ ընզնի, ո՞ւր կեհա... Խալխն էն էլ է ասում, վուր հա՛շաքար իս միթամ, շատ օմքնու իս դբնի միթամ, աբա էս ա՞վտալու է...

Վեր է կենում:

ԱՐՈՒԹԻՆ

Վրես շառեր ին մոզոնում...

ԷՖԵՄԻԱ, *շարունակելով*:

Վուր միթամ պառավ իս դուն:

ԱՐՈՒԹԻՆ, *նեղանում է և հազում:*

Հո՛ւ...

ԷՖԵՄԻԱ, *շարունակելով*:

Մի՛թամ մազիրդ ներկում իս...

ԱՐՈՒԹԻՆ, *կրկին հազու է*:

Հո՛ւ, հո՛ւ...

ԷՖԵՄԻԱ, *շարունակելով*:

Մի՛թամ ինձ խափում իս: Ո՞վ կու ավտա. Թո՛ղ խալխն ի՛նչ զուզե ասե:

ԱՐՈՒԹԻՆ, *հազից խեղդվելով*:

Խալխը տո՛ւտո՛ւց է, Փեփել, դուն չի՞ս գիդի վուր ջեհել իմ... Վո՞ւր ջեհելը կուլի ինձ վրա դոչաղ:

ԷՖԵՄԻԱ

Աբա՛, յիս վո՞ւր մեկին հասկացնիմ:

ԱՐՈՒԹԻՆ

Տո՛, դուն էն սարսաղներուն ասա՛, վուր պառավ դոչաղը լավ է, կանց ջահել դամբլեն: (*Իր մազերը բռնելով և գլուխը մոտ տանելով*:) Աբա՛, էս նե՞րկած է՛:

ԷՖԵՄԻԱ, *Արութինի գլուխը բռնելով ու ժպտալով*:

Դուշմանը շատ բան կոսե,Արտո՛ւշկա ջան:(*Համբուրելով գլուխը*:) Մա՛նուշակի հոտ է գալի՛:

ԱՐՈՒԹԻՆ, *փաթաթվելով*:

Ա՛յ, կուղիան, քու մե պոչը մե թաքավորութին արժե: (*Փայփայելով:*) Ղուրթ վուր խիլքեմես հանում իս. ի՞նչ ասիս, վուր քու խոսկը չկատարիմ:

ԷՓԵՄԻԱ

Բաս չի՞նք կանչում, էլի՛:

ԱՐՈՒԹԻՆ

Ո՞ւմը:

ԷՓԵՄԻԱ

Փեսիտ ու ախչկատ:

ԱՐՈՒԹԻՆ

Է՛հ...

ԷՓԵՄԻԱ, *սուտ լաց լինելով*:

Ա՛փսուս իմ գլուխ:

ԱՐՈՒԹԻՆ, *քաղցր*:

Լա՛վ է, լա՛վ, քու քեփն ըլի:

ԷՓԵՄԻԱ, *փաթաթվելով*:

Իմ սի՛րուն, իմ խո՛խոբ, իմ ջե՛յրան, իմ ա՛կռավ...

ԱՐՈՒԹԻՆ

Ակռա՞վ... վա՛հ, էտ լա՛վ էր:

ԷՓԵՄԻԱ, ծիծաղելով:

Վո՛ւյ, քոռանամ յիս. ուզում էի ասի, իմ ա՛ղունակ:

ԱՐՈՒԹԻՆ

Հա՛, աղունակը լավ է:

ԷՓԵՄԻԱ, *փաթաթվելով։*

Բաս ի՞նչ իս, վուր աղունակ չիս։

ԱՐՈՒԹԻՆ

Ցիրիշս էլ կուլի նման աղունակինը... Աղունակն էլ դուն իս, Փեփել, վա՛րթն էլ ու մանուշակն էլ։

ԷՓԵՄԻԱ

Ցիս վարթ իմ ու դուն էլ բլբուլ, Ատրուշկա ջան։

ԱՐՈՒԹԻՆ

Հա, գթար, դուն վարթ իս ու յիս էլ բլբուլ, խիստ իմ սազ գալի (*Էփեմիայի թշին մատո՛վ խփում է և թիվ։*) «Կոկոբո վարդո, ար դամագդո, վար մոնա շենի»։

ԷՓԵՄԻԱ, *նույնպես թիվ։*

Պիրզեդ գաքվս խալի, շավ. շավի թվալի,տուրփաթ մշվենի շեն»։

ԱՐՈՒԹԻՆ

Վահ, հեր օխնած, ասում իս, ասա, վուր ջանումս նստի, է։

ԷՓԵՄԻԱ

Է՛հ, րա՞դրոսէ, էրնեկ գիդենամ, աշխրքի բան ունիմ։

ԱՐՈՒԹԻՆ

Գեթաղվա, Փեփել ջան։

ԷՓԵՄԻԱ

Ո՛ւհ, քիմեն խոմ չիմ պրծնի ու, հը՛ա։ (*Երգում է Արութինը շողոքորթելով։)*

«Կոկոբո վարդո, ար դամագդո, վար մոնա շենի,
Պիրզեդ գաքվս խալի, շավ շավի թվալի։
Նախվա մսուրս շենի»։

ԱՐՈՒԹԻՆ

Օ՜հ, քու հո՜քուն մեռնիմ, Փեփել ջան: (*Գրկում համբուրում է:*) Սաղ աշխարքը շուռ կուտաս դուն...

ԷՖԵՄԻԱ

Գիդիս ի՞նչ ասիմ, Արտո՛ւշկա ջան... *(Ձեռքը դնելով Արութինի ուսի վրա:)* Միր հալիլեքն էլ պետկը չէ, մոդեն անցէ կացի. մե տիղ տեսիլ իմ, ջուխտը քառսուն ու հինգ թուման ին ասում... (*Արութինը, առանձին, դեմքը ծամածռում է:*) Ուզում էի բեհը տա, ամա առանց քի հարցնելու զաբեղվա չարի:

ԱՐՈՒԹԻՆ, *Էփեմիայի թշին ձեռը տալով:*

Շատ օյինբազն իս:

ԷՖԵՄԻԱ

Գեթաղվա, Ատրուշկա ջան:

ԱՐՈՒԹԻՆ, *մտածելով և բարձր:*

Քառասուն ու հինգ թումա՜ն...

ԷՖԵՄԻԱ

Էն շենքի իմքինը բաս պա՞կաս կուլի՜, քա՜:

ԱՐՈՒԹԻՆ

Էնդու վրա հիմի քիչ ցածր ըլի, ի՞նչ հաջաթ:

ԷՖԵՄԻԱ

Աբա՛, վի՞ս էկաղրեբա. էնդու վրա ցածրը խոր միրիրն է... ամա վուր պետկը չէ... Խաչը գիդենա, ամանչում իմ, վուր էրեսս մեչը տեսնում իմ:

ԱՐՈՒԹԻՆ

Տո՛, հոքիս հանեցիր խոմ... դիփ տակն ու վրա արիր

էաղանցոբեն: Ախար՝ էս զալեն պետկը չէ... էս մեբիլը պետկը չէ... էս զանավեսկեքն էսենց չէ... էս գդակդ փոխե... էս դիմիկիտո՛նի մազիեր պլատոն հաքի...

ԷՓԵՄԻԱ, *փաթաթվելով*:

Թե ինձ կուսիրիս, Արտո՛ւշկա ջան:

ԱՐՈՒԹԻՆ

Քիզ վուր չիմ սիրի, բաասումն իմ սիրում...Փոքր լռությունից հետո՛: Ամա դուն էլ դուրթ խիստ իս սիրում ինձ, Փեփել:

ԷՓԵՄԻԱ

Զարթնի քեզ ո՞վ ունիմ աշխարքումը, իմ հոքին ու մարմինը դուն իս, իմ շունչն ու կենթանութինը դուն իս:

ԱՐՈՒԹԻՆ

Օ՞չով աճկումդ չէ զալի՛:

ԷՓԵՄԻԱ

Աքա՛, մի՞խկ չէ,Արտո՛ւշկա ջան, ի՞նչս ասում, ախչիկը քի պես մարթ ունենե ու նրա աճկումն էլի՛ օ՞մքին զու քա աշխրքումը:

ԱՐՈՒԹԻՆ

Բե՛րիլ տու, բե՛րիլ տու հալիլեքը, (*Համբուրելով*) զենացվալե սուլշի:

ԷՓԵՄԻԱ, *փաթաթվելով*:

Աքա՛, ո՞վ կանա ասի, վուր դուն զոփող ու զջլող իս:

Արութինի փողպատն ու շապիկը ուղղում է:

ԱՐՈՒԹԻՆ

Խիստ իս ֆրանտացնում, ամա քու կարմիր բանտի պես չի ըլի, Փեփել:

ԷՖԵՄԻԱ, *շարունակելով*։

Մո՛ւլափ։ *(Ավարտելով գործը, փոքր ի՞նչ հեռանում է Արութինից և այնպես նայում նրան։)* Աբա՛, վո՞ւր ֆրանտը կուլի քի պես։

ՏԵՍԻԼ Ը

ՆՐԱՆՔ, ԳԻԳՈԼԻ

ԳԻԳՈԼԻ, *ներս մտնելով դիմացի դռնից՝ գլխարկը կռնակին, մեկ ձեռքին փոքրիկ զամբյուղով ելակ, կանանչ տերևներով ծածկած, մյուս ձեռքին թղթով կարկանդակ*։

Ա՛յ, ճարեցի, ախչիկ-պարուն, ամա էլի՛ կակլի տո՛լ չէ կլուբնիկեն։ Թեզուզ սպանե՛, էլ էստո՛ւ վրա մինձ չի բլի, կոսե։

ԷՖԵՄԻԱ, *տնտղելով ելակը*։

Ա՛յ, հենց էս էի ասում։

ԳԻԳՈԼԻ, *ուրախ*։

Հենց էն է դրոշկեն ուզում էի բռնի, տեսնիմ մե կինտո՛ վուրդիոր ճարիլ էր։ Ախար, առուտեհան էլ օչով չթողի, դիփունանցն ափի։

ԷՖԵՄԻԱ, *չարանալով*։

Ա՛խ, Գիգոլի, քու բեղաւլութինը խոմ ինձ իստակ սպանում է, աբա՛, վո՞ւր օրն եմ յիս կինտո՛իմեն իմքին առի, վուր հիմի էս էլ իս մոգոնի, չէ՛իր կանա դու ինքդ զնա բաղը՛։

ԳԻԳՈԼԻ, *շփոթված*.

Ախչիկ... պարուն...

ԱՐՈՒԹԻՆ, *Էփեմիային*.

Վա՛, հեր օխնած, էլի՛ բաղի կուլի, ախար, կինտո՛ն ինքը խո չէ՞ շինում:

ԷՓԵՄԻԱ

Աբա՛, վի՞ս էկադրեքա, նրանց կիխտո՛տ ձեռները (*Զզվանքով*.) թը՛, թը՛, թը՛, թը՛, թը՛...Վա՛յ, վուր դոնադնիրը պիտի գան հորես, թե չէ էս սիաթիս ակոշկեն կոծեի դիփ մետի... (*Դիմելով Գիգոլուն*.) Ուրի՞շ, էտ ի՞նչ է:

ԳԻԳՈԼԻ

Էս էլ պիրոժնիքն է, փոխեցի:

ԷՓԵՄԻԱ

Հա՛, (*Զննելով կարկանդակը, կանչում է*) Սա՛մսոն, Սա՛մսոն:

ԱՐՈՒԹԻՆ, *Գիգոլու ձեռքում ելակը տնտղելով*.

Գնա՛ ու զնա՛, Փեփել, խիստ թազեն է, կոսիս ձեռով չէ քաղած: (*Մեկ հատ ելակ բերանն է գցում և ծամելով:)* Լա՛վն է, իմ մամա Կիրակուսն էլ առանց էս յոլա չէր զնում:

ԳԻԳՈԼԻ

Էլ խո բան չունիք, ախչիկ-պարուն:

Աջ դռնից մտնում է Սամսոնը արխալուխի կրծքի կոճակները դարձյալ բաց, ինչպես առաջ:

ՏԵՍԻԼ Թ

ՆՐԱՆՔ, *սկզբում նաև* ՍԱՄՍՈՆ

ԷՓԵՄԻԱ,Գիզոլուն:

Բաս բան չունի՞մ... Մո՛ւլափ էստի:(*Սամսոնին:)* Էս կլուբնիկը տար սարդափն ու էս պիրոժնին էլ վազերումը լավ բաբաթ շինե: (*Սամսոնը վերցնում է:*) Է՛լի դոշիտ կոծկնիրը բաց տուն էկար ինձ մո՛դ: Աստո՛ւծ գիդենա, վիրչի զամն իմ ասում, թե մեկ էլ տեսիլ իմ քեզ էտենց, էլ մե սահաթ չիմ պահի քիզ:

ԳԻԳՈԼԻ, *առանձին, գլուխը շարժելով:*

Օ՛հ, Օ՛հ, Օ՛հ, կրակի կտուր է՛:

ՍԱՄՍՈՆ

Բանումն էի, ախչիկ-պարուն:

ԷՓԵՄԻԱ, *բարկանալով:*

Ջուղաբ էլ է տալի: (*Արութինին:)*Աբա՛, պահելու է՞:

Գիզոլին, առանձին թափ է տալիս օձիքը:

ԱՐՈՒԹԻՆ, Սամսոնին սպառնալով:

Հըա՛, մո՛ւղայիթ կաց... Դե՛, գնա՛ բանիտ, էլ ի՞նչ իս էտի կանգնի: (*Սամսոնը գլուխը շարժելով դուրս է գնում աջ դռնից, զամբյուղն ու կարկանդակը ձեռքին: Հետո՛ Էփեմիային, ցածր:*) Ախար, ձեռին բան ունե խեղճը, տեսնում իս քրտնքումը ծլծլում է. Բա՞ս էմարթլեբի:

ԷՓԵՄԻԱ, *շարունակելով:*

Չէ՛, խիստ է խաբար ըլում, ախար, է՛: Էսօր դոշը բացտո՛ւն եկեվ, էքուց առանց ախալուխ կու տո՛ւն գա: Բջի համարցակությունը վի՞ս էկաղրեքա: Մե-մե ախչիկ-պարուն էլ կա, իրանց բջի հիդ մասլահաթնիր ին անում, խո գիդիս՝ ես, էս հանգի բաներ չիմ սիրի: Լաքիեն պիտի լաքիա ըլի:

ԱՐՈՒԹԻՆ

Լավ է լավ, էսմեկը բաշխե, յիս կու խրատիմ իրան:(Առանձին:) Բախտավոր մարթ իմ, ես ու իմ հոքին... *(Գնալով ձեռքերը ետևը դարսած և համրիչը ձեռքին, կես ճանապարհից կիսաձայն երգում է:)*

« Պիրզեդ զաքվս խալի, շավ շավի թվալի,
Նախվա մուրս շենի»:

Դուրս է գնում ձախ դռնից:

ՏԵՍԻԼ Ժ

ԷՓԵՄԻԱ, ԳԻԳՈԼԻ

ԷՓԵՄԻԱ

Չէ՛, մե հենց ապրիս, Գիգոլի, հասկացրու էն լպստածին, վուր քաղաքավարի կենա, իմանում ի՞ս, ի՞նչ իմ ասում:

ԳԻԳՈԼԻ

Իմանում եմ, իմանում ախչիկ-պարուն, *(Գլուխը հետ զցելով:)* բա՛ս չիմ իմանո՞ւմ: Ուրիշ ի՞նչ էիր հրամայում:

ԷՓԵՄԻԱ

Ա՛յ, Գիգոլի, էս սիաթիս զնա, Թաղլիթինից մաղազինումը հալիլեք իմ տեսի, ջուխտը քառասուն ու հինգ թուման ին ասում, հենց էս սիաթիս էկետ տո՛ւ թեգուզ չուրս մշակ բռնե, էզեքա ինչրու ղոնաղներու զալը վրա հացնինք:

ԳԻԳՈԼԻ

Էս սհաթիս ախչիկ-պարուն, ամա աղեն ասիլ է՞:

ԷՓԵՄԻԱ, *բարկացած.*

Հիմի դուն, աղեն յիս իմ, հրամայում իմ, էլի՛:

Դրսից աղմուկ է լսվում:

ԳԻԳՈԼԻ

Դիմացի դռան մոտ դրսից լսվում է ՍԱՄՍՈՆԻ ձայնը՝ Կա՛ցի, գնամ ասիմ, է՛... (*ՊԵՊՈՅԻ ձայնը*) Կացի-մացի չիմ գիդի, թո՛ղ, թե չէ, էս սհաթիս...

ՏԵՍԻԼ ԺԱ

ՆՐԱՆՔ, ՊԵՊՈ

ՊԵՊՈ, *ներս մտնելով դիմացի դռնից, գլխարկը ծածկած և զարդի հագուստո՛վ:*

Փի՛ե...

Գլուխ է տալիս:

ԷՓԵՄԻԱ

Ի՞նչ իս ուզում, ո՞վ իս:

ՊԵՊՈ

Ո՞վ իմ, դոնաղ իմ, վա՛:

ԷՓԵՄԻԱ

Դո՞ւն՝ միր դոնա՞ղ:

ՊԵՊՈ

Հե՛նց յիս:

ԷՓԵՄԻԱ, *ծիկա տալով:*

Աա՜... Օտկեցե՛ք, օտկեցե՛ք, ո՞վ է քրիստո՛նա:

Դուրս է վազում ձախ դռնից:

ՏԵՍԻԼ ԺԲ

ՊԵՊՈ, ԳԻԳՈԼԻ

ՊԵՊՈ, *առաջ գալով, առանձին:*

Ա՛յ, քթեմեն դուս գա էն հացը, ինչ մարթ ձիր հացն ուտե, հըա՜:

ԳԻԳՈԼԻ

Ի՞նչ իս ուզում, ախպեր, ի՞նչ բան ունիս:

ՊԵՊՈ

Հալբաթ ունիմ, վուր էկիլ իմ, էլի՛՛, վա՛:

ԳԻԳՈԼԻ

Չի ըլի՞, վուր մինք էլ իմանանք:

ՊԵՊՈ

Ի՞նչ կու ավելանա քիզ, դուն գնա աղա Արութինին իմաց արա, վուր յիս էստի իմ:

ԳԻԳՈԼԻ

Ախար, դուն ո՞վ իս:

ՊԵՊՈ

Ցիս... (*Նստելով ընկողմարանի վրա:*) յիս իմ:

ԳԻԳՈԼԻ

Վա՜...

ՏԵՍԻԼ ԺԳ

ՆՐԱՆՔ, ԱՐՈՒԹԻՆ

ԱՐՈՒԹԻՆ, *ներս վազելով ձախ դռնից.*

Ի՞նչ խաբար է, ի՞նչ խաբար:

Տեսնելով Պեպոյին, մնում է սառած:

ՊԵՊՈ, *վեր կենալով տեղից, գլխարկը վեր է առնում և գլուխ տալիս.*

Բա՛րի աչողում, ա՛ղա Արութին:

ԱՐՈՒԹԻՆ, *Գիգոլուն, ցածր.*

Դուն զնա՜ բանըդ տիս:

ԳԻԳՈԼԻ, *առանձին:*

Ղո՛ւրթ, հալիլեքը:

Դուրս է վազում դիմացի դռնից:

ՏԵՍԻԼ ԺԴ

ՊԵՊՈ, ԱՐՈՒԹԻՆ

ԱՐՈՒԹԻՆ

Հը, ո՞ւր իս էկի, ախպեր:

ՊԵՊՈ

Ա՛յ, համեցե՛ք, նստի՛:

Ինքը մոտ քաշելով մի աթոռ, նստո՛ւմ է:

ԱՐՈՒԹԻՆ, *նստելով ընկողմարանի վրա, առանձին:*

Իմ տանը սա է մոիբաթ անում ինձ (*Պեպոյին:*) Ախար, էս չախն ո՞ւր իս էկի:

ՊԵՊՈ

Կուշտը քաղցածին ի՞նչ է հարցնում... Բողազս մի՛ դուս կտրի, ա՛դա Արութին, թե էս սիաթիս չիս տա, վարցկ կոնիս, վուր ինձ, սպանիս էստի էվետ:

ԱՐՈՒԹԻՆ

Թե իմքին պարտ իմ, ախպեր, րա՞ս գեմարթլեբի: Ո՞ւմ փուղն իմ կերի, վուր քու փուղն ուտիմ... Ինչոր բարաթ էիր ասում... Գթա՞ր, բերիլ ի՞ս:

ՊԵՊՈ, *առանձին, կրծքին խփելով:*

Ը՛մ...(*Բարձր:*) Բա՛րաթը չկա, խո գիդիս, դուն քու դավթրներումը գթա՞ր թե չէ:

ԱՐՈՒԹԻՆ

Իմ դավթրներումը շատ պտրտեցի, հա՛խ Աստձու, ամա մե ասո էլ չգթա քիզ համա:

ՊԵՊՈ

Բաս ի՞նչ անինք հիմի։

ԱՐՈՒԹԻՆ

Ի՞նչ պիտի անինք, դուն քիզ համա, յիս ինձ համա։

Գրպանից հանում է սաթե համրիչը և զգում։

ՊԵՊՈ

Վո՞ւնց թե՝ դուն քիզ համա, ես ինձ համա։ Բաս քու մտկումը պա՞րտ չիս ի՛նձ։

ԱՐՈՒԹԻՆ

Ախպեր, ի՞նչ պիտի պարտենամ, բարա՛թ դուն չունիս, դա՛վթրումս ես վունչիչ չունիմ գրած, ի՞նչ պիտի պարտենամ քիզ։

ՊԵՊՈ

Բաս քու սրտի դավթրումն էլ վո՞ւնչիչ չկա գրած։

ԱՐՈՒԹԻՆ

Սրտի դավթարը վո՞ւրն է։

ՊԵՊՈ

Բաս քու խձպտանքը վո՞ւնչիչ չէ ասում քիզ, է՛լի. խո գի՛դիս, վուր պարտ իս։

ԱՐՈՒԹԻՆ

Վուր գիդենամ խո կու տամ, էլի՛, էլ ո՞ւր իմ խոսեցնում։

ՊԵՊՈ

Բաս Գիքոն ո՞ւր է ասում... Նրա հալալութինը դիփունքը գիդին։

ԱՐՈՒԹԻՆ

«Մելամ», ասում է. «Թավիսի կուդի մոիդվանա մոծամեք»։

ՊԵՊՈ

Աղա Արութին, վերիվը խո Աստո՛ւձ կա ու քու սիրտն էլ է կարթում, իմ սիրտն էլ, ա՛րի Աստձեմեն ձեռը մի՛ վիկալնի:

ԱՐՈՒԹԻՆ

Ի՞նչ շառիր իս մոզոնում գլխիս, ախպեր, օմքին լսե, հենց կու գիդնա դուրթ իս ասում:

ՊԵՊՈ

Դուն գիդիս, վուր դուրթ իմ ասում: Քու վուրթկերանց արիվ սաղաղա խղճա՛ միզ: Էտ փուղը յիս ինձ համա չիմ ուզում...

ԱՐՈՒԹԻՆ, *խոսքը կտրելով*:

Տեր օղորմած Աստո՛ւձ:

ՊԵՊՈ, *շարունակելով*:

Մո՛ւլափ, մո՛ւլափ, ինչրու վիրչն անգաձ դի. էդ փուղով իմ քուրը նշանած է, խոստացիլ ինք, պիտինք տա, ու թե էս սիաթիս չտվի՛նք, քվիրս թո՛ղնում ին, ո՛ւրիշ ախչիկ ին ուզում էս գիշիր: Ախար, մե Աստձու այսդ դաղաստանը մի՛տդ բի, է՛... խո քիզ էլ կու խոսեցնին էնդի, ինձ էլ, ի՞նչ ջուղաբ կուտաս, վուր չիս տալի:

ԱՐՈՒԹԻՆ

Փի՛ե... (*Մտածմունքի մեջ է ընկնում*:) դաղաստանը գիդենա վուր դրուստ միտս չէ էտ պարտկը:

ՊԵՊՈ

Յիս ասում եմ դրուստն, էլի՛, ինձ չիս ավտո՞ւմ:

ԱՐՈՒԹԻՆ

Վա՛, էտ վո՞ւնց կուլի, Պե՛պան, ամեն մարթ վուր գա ու էտենց խոսի, տասը միլիոն էլ վուր ունենամ, մի օրում կու հատնի: Չէ՛, ախպեր, մեր առուտո՛ւրի հեսաբը էտենց չէ:

ՊԵՊՈ, *վեր կենալով տեղից և գլխարկը ծածկելով:*
Բաս չի՛ս տալի, էլի՛:

ԱՐՈՒԹԻՆ

Պարտկով կի վունչիչ տալացու չիմ, ախպեր, ամա քուր իս մարթու տալի՛, ջո՛ւխտ աճկիս: (*Ծոցից հանում է պորտմոնեն:*) Ըա՛հա, (*Թղթադրամ տալով:*) վարցկ բան է, բռնե՛, ախպեր:

ՊԵՊՈ, *գլխարկը վեր առնելով, գլուխ է տալիս:*
Ա՛յ, Աստո՛ւծ վուրթիքդ զորացնե՛:
Առնում է փողը:

ԱՐՈՒԹԻՆ

Է՛տ հինգ թումա՛ն... համբրե՛, դրուստ հինգ թուման է...հինգ թուման էլ, դուքնովս ա՛նց կացի, էնդի կուտան, էս սիաթիս օմքին կու դրգիմ: Գնա՛, ախպեր, Աստո՛ւծ բարի վայելումը տա:

ՊԵՊՈ, *փողին նայելով և շփոթված:*
Հի՛նգ թուման ու հինգ թումա՛ն...(*Լռություն, հետո՛ գլխարկը ծածկելով:*) Մնա՞ցածը... Ախար, իմ քվիր համա հարուր թուման ինք խոստացի:

ԱՐՈՒԹԻՆ

Ցիս ի՞նչ անիմ, վուր խոստացիլ իք, բեհեսաբ նամաղուլ իք արի, վուր խոստացիլ իք, ո՞ւմ փուղն էիք խոստանում, վուր խոստացիլ իք: Մարթ իր լիեբի գյորա կու ձքե վո՞ւտը, թե չէ: Դուք էլ վուր հարուր-հարուր թումանիր իք խոստանում ուրիշն ի՞նչ անե: Էս ի՞նչ խարաբ էլավ աշխարքն օչովու համա չափս ու ձիվ չկա:

ՊԵՊՈ

Միր բանը մինք գիդինք, պարուն, ձիր բանը դուք. խոստացիլ ինք, միր փուղն ինք խոստացածի, քիզ ինչ դավլի:

ԱՐՈՒԹԻՆ

Խոստացիլ իս ու տար իրան տո՛ւ, է՛լի, ի՞նչ իս ուզում:

ՊԵՊՈ

Իս տո՛ւ, վուր տամ, է՛, ախար, էս վուր տալիս իս, մասխարա իս զգո՞ւմ, թե ինչ խաբար է:

ԱՐՈՒԹԻՆ

Արի ու սրապեսներուն վարցկ արա: Տո՛, ի՞նչով չիս իմանում, վուր վունչիչ պարտ չիմ յիս ձիզ ու էտ էլ ինչոր տալիս եմ, հոքուս համար բախշում իմ:

ՊԵՊՈ

Բախշում ի՛ս... Գանա յիս ա՞խկատ իմ, էկիլ իմ օ՛ղորմութին իմ ուզում քիմեն, յիս իմ հախն իմ ուզում, ի՞նչ կոնիմ յիս քու բախշիշը:

ԱՐՈՒԹԻՆ

Չիս ուզի ու է՛ստի տո՛ւ, ինձ պետկը զու քա: Ախկատ ու հպարտ, վուր կոսին, էս է, ա՛յ: Բի՛, էլի՛, բի՛, ի՞նչ իս թամաշա անում:

ՊԵՊՈ

Բաս թամամ չիս տալի, էլի՛:

ԱՐՈՒԹԻՆ

Տո՛, զժվիլ ի՞ս, թե ինչ խաբար է, ի՞նչ իս ուզում ինձմեն: Ջոռով պա՞րտկ կուլի աշխրքումը՝ շլինքս իս զգո՛ւմ:

ՊԵՊՈ, *առաջ զնալով*:

Աբա օ՛րթում կի թե պարտ չիս, օ՛րթում կի, էլի՛, մարթ կուլիս՝ օրթում կուտիս:

ԱՐՈՒԹԻՆ

Օ՛րթում, հա՛վատ Աստո՛ւծ(*Պեպոն զարհուրանք է արտահայտում:*) յիրգինք, իմ վո՛ւրթկերանց արիվը գիդենա, վուր վունչինչ պարտ չիմ...

ՊԵՊՈ, *զայրացած:*

Ա՛յ, Աստո՛ւծ ու յիրգինք խռով կենա գլխիտ: (Խփելով փողը Արութինի երեսին:) Հը՛, քռնե՛, ա՛ճկդ դի, կնզատ համա իմքին կունենաս առնելու:

ԱՐՈՒԹԻՆ, *աղաղակելով և տեղից վեր թռչելով:*

Օտկեցե՛ք, ղարաո՛ւլ, սպանեցին, մորթեցին... Ո՞վ կաք էտի...

Ներս են թափվում՝ ձախ դռնից Էփեմիան, աջ դռնից Սամսոնը, հագնված և զարդարված, ի՞նչպես պատվիրել էր Էփեմիան երրորդ տեսիլում, իսկ դիմացի դռնից երկու այլ ծառա ֆրակով և սպիտակ ձեռնոցներով: Պատկեր:

ՏԵՍԻԼ ԺԵ

ՆՐԱՆՔ, ԷՓԵՄԻԱ, ՍԱՄՍՈՆ, ԵՐԿՈՒ ԱՅԼ ԾԱՌԱ

ՊԵՊՈ, *ձախ ձեռքով ցույց տալով ծառաների վրա:*

Է՞ս է քու մարթութինն, էլի՛...(*Երկար լռություն:*) Ա՛յ, հա՛ռամ ըլի քիզ քու հարստո՛ւթյունը:

ԱՐՈՒԹԻՆ, *սաստիկ շփոթված, ծառաներին:*

Տո՛, օտկեցե՛ք, է, ի՞նչ իք թամաշա անում, տեսնում իք՝ ուզում է սպանի ինձ:

Սամսոնը և ծառաները մոտենում են Պեպոյին:

ՊԵՊՈ, *ծառաներին մղելով:*

Մո՛ւլափ, դե՛նը...(*Արութինին*) Էս օսկե պատիրը, վուր սարքիլ իս, ո՞ւմ փուղով... Հազար ինձպեսներուն թա՛լնիլ իս, գա՞նա, քար ու կիրը միր արունով իս շաղըղի, գա՞նա, դիփունանց աճկիրը աբլանդվա իս արի ու հիմի ծանդր ու բարակ քիզ համա նստած քե՛փ իս անում, է՛լի:

ԷՓԵՄԻԱ

Դո՛ւս արեք, դո՛ւս արեք:

ԱՐՈՒԹԻՆ

Դո՛ւս, դո՛ւս աասում իմ:(*Ծառաներին:*) Դո՛ւս արեք, չիք իմանո՞ւմ:

Ծառաները հարձակվում են Պեպոյի վրա:

ՊԵՊՈ

Դո՞ւս, (*Ծառաներին նորից մղելով:*) Դե՛նը, դե՛նը:

(*Ծառաները փոքր ի՞նչ հեռանալով, կանգնում են դիմացի դռան առաջ: Արութինին:)* Փուղիրս հաշա իս ուտո՛ւմ, ու դո՛ւս էլ իս անում, է՛լի... (*Լռություն:*) Դո՛ւս կեհամ, դո՛ւս կեհամ, չարես ի՛նչ է, զոռը քունն է, տերը դուն իս էստի... Ամա լավ գիդացի, պարուն Արութին, էս արարմունքը քիզ չի մնա... վերիվն Աստո՛ւձ կա, քնթեմետ կու հանե քու անօրենութինը... (*Ծառաներին հրելով:*) Դե՛նը, դե՛նը...

Դուրս է գնում դիմացի դռնից:

ԱՐՈՒԹԻՆ, *Պեպոյի ետևից, ծառաներին:*

Գնացե՛ք, գնացե՛ք հիդը, վունչիչ չտանե, վունչիչ չփախցնե:

Ծառաները դուրս են վազում Պեպոյի ետևից.

ՏԵՍԻԼ ԺԶ

ԱՐՈՒԹԻՆ, ԷՓԵՄԻԱ

ԱՐՈՒԹԻՆ

Է՛սենց էլ լպստա՛ծ:

Կռանում է և փողերը հավաքում:

ԷՓԵՄԻԱ

Գի՞ժ է էն մարթը, թե էս ի՛նչ խաբար է...էլախտ էլ էնենց վախեցրուց:

ԱՐՈՒԹԻՆ, *փողերը ծոցը դնելով*:

Արի՛ ու սրապեսներուն վա՛րցկ արա հիմի:

ԷՓԵՄԻԱ

Էս ի՞նչ բան է, ախար, չի՛ս ասի՛:

ԱՐՈՒԹԻՆ

Աստո՛ւծ վուչ գիդե նրա գլուխը, քուր իմ մարթու տալի, կոսե, յիս ի՞նչ անիմ վուր մարթու է տալի:

ԷՓԵՄԻԱ

Բաս են ինչ էր ասում, թե փուղիրս հաշա իս ուտո՛ւմ, կոսե:

ԱՐՈՒԹԻՆ

Աբա՛, քիմեն չիմ արմնում, Էփեմիա՛, փո՛ւղ հաշա ուտիմ ու էն էլ նրա՛ պես մարթունը, չի՛ս ճանչնում ի՛նձ:

ԷՓԵՄԻԱ

Էտ փուղիրը վուր ծոցդ դրիր, նրա՞նը չէր բա՛ս:

ԱՐՈՒԹԻՆ

Նրա հո՛րն օղորմի, վուխչ իմ կյանքն էլ նրանը կուլի, բա՛ս... էկա՛վ, թե խիղճ մարթ իմ, կոսե, քվիրս համա բաժինք չունիմ, կոսե, քու վուրդկերանց արիվ սաղաղա օտկե՛ միզ կոսե, յիս էլ ախմախ-ախմախ հանեցի ու բաշխեցի (*Նեղանալով:)* Շնորհակալութենի մազիերն է՞ր, վիկալավ ու ճակտիս խփեց, քի՛չ է կոսե:

ԷՓԵՄԻԱ, *թուղթը վեր բերելով:*

Վո՛յ, քոռանամ յիս, դո՞ւրթ իս ասում, Արութին ջա՛ն:

ԱՐՈՒԹԻՆ

Բաս սո՛ւտ իմ ասո՛ւմ:

ԷՓԵՄԻԱ, *չարացած:*

Քու հա՛խն է, խիստ լավ էլ է արի՛...էտ էն զիդենա, վուր ժամեմեն դուս գալիս, հարուր աղքատ էլ վուր ըլի դռանը, դիփունանց ձեռին (*Գործողությամբ ցույց տալով:*) «բռնե՛, բռնե՛, բռնե՛»... Իժում է՞տենց կու թողնիս էտ անպատվութինը:

ԱՐՈՒԹԻՆ

Ի՞նչ պիտի անիմ:

ԷՓԵՄԻԱ

Աշխրքի լափը գլուխտ ածավ...

ԱՐՈՒԹԻՆ

Ի՞նչ անիմ:

ԷՓԵՄԻԱ

Վո՛յ, քոռանամ յիս. էլ բան չմնաց, վուր քիզ չասավ, ու էնղադա բեաբռութինը դուն կուտի՞ս: Ի՞նչ կոսին խալխը:

ԱՐՈՒԹԻՆ

Խալխն ի՞նչ գիդե, գլուխը քարը տա, թո՛ղ, խիղճ մարթ է:

ԷՓԵՄԻԱ

Վո՞ւնց թե խալխն ինչ գիդե, էնդադա բջերանց մոդ չէ՞ր, վուր վրետ բղավեցավ ու ճղավեցա՛վ: (*Չափազանցնելով Պեպոյի խոսքերը:*) Աշխարք ու յիրգիր իս թալնի, կոսե, քսան ու հինգ հազար խղճի տո՛ւն իս քանդի, կոսե, էս արարմունքնիրը քիզ չի մնա, կոսե, ու էստո՛ւնք պիտի մարսի՞ս դուն: Բջերանց բերնումը իմքին կու կանգնի՛, չիս գիդի՞, վուր էքուց ինչ կլի էս վախտը, վո՛ւխչ քաղաքը կու իմանա՛: Մա՛րթ ըլիմ, գլխիս գդակ ունենամ ու դաբո՛ւլ անիմ, վուր էս հանգի պաժարնին իմ տանը ինձ ա՛նպատիվ անե, ասե վուր նրա փուղիրը հա՛շա իմ ուտո՛ւմ, թավաթ ի՛նչ ասիս ասում ին քիզ վրա ու հիմի պա՞կասը թամամ ըլի՛...

Նայում է դիմացի դռան կողմը:

ՏԵՍԻԼ ԺԷ

ՆՐԱՆՔ, ԳԻԳՈԼԻ

ԳԻԳՈԼԻ, *գլխարկը ձեռին, շտապով ներս մտնելով դիմացի դռնից:*

Հալիլեքը բերի, ախչիկ-պարուն:

ԷՓԵՄԻԱ, *հանկարծ փոխվելով և ուրախ:*

Հալիլեքը՛... (*Շտապով գնում է, կես ճանապարհին Արութինին, հափշտակված:*) Մե ա՛րի, Ատրուշկա ջա՛ն, տի՛ս թե ի՛նչ հալիլիք է, ի՛նչ ա՛նտիկա, նե՛ժնի հալիլիք... (*Կանչելով:*) Սա՛մսոն, Սա՛մսոն...

Շտապով դուրս է գնում դիմացի դռնից: Գիզոլին և Սամսոնը՝ որ դուրս է վազում աջ դռնից, հետևում են նրան:

ՏԵՍԻԼ ԺԸ

ԱՐՈՒԹԻՆ, *մենակ, երկար լռությունից հետո*:

Տո՛, դո՛ւրթ, ի՞նչ օյին էկավ գլխիս էն լոթի պաժարնին... Էլ մինձ ու պստիկ չկա աշխարքումը... Էն հանգի ախկատ դադոն վրես է՛նենց բղավի՛, (*Ման գալով:*) էն հանգի խո՛ւսկիր ասե՛... (*Հայելումը ուղղվում է:*) Բո՛շացավ, բո՛շացավ աշխարքի բանը... (*Հեռանում է հայելիից:)* Պարտ իս, կոսե... Գժվի՛լ է՛... Ի՛նչ պարտկ, ի՛նչ փլան, ի՛նչ փստան... Ո՞վ ասավ, վուր պարտ իմ... ո՞վ գիդե, վուր պարտ իմ... Թե պարտ իմ, ի՞նչի ինչկլի էսօր հիդ չիմ տվի... Յա նրան վուր տամ, մեկելներուն ի՞նչ ասիմ... նրանք ի՞նչ գեթ ին արի... Չէ՛, (*Նստո՛ւմ է:*) վունչից պարտ չիմ... սուտ շառիր ին մոգոնում... Թե պարտ իմ, ի՞նչի բարաթ չունե... Վո՞ւրդի է... Ո՞վ ունի... Ի՞նչ բարաթ... Բարաթ չկա՛... գնա՛ցիլ է... ջնջվի՛լ է...թե չէ էլ ի՞նչ օրութին է... Ամա էն լոթի պաժարնին պիտի ամեն տիղ բղավի, վուր փո՛ւղ իմ պարտ ու հիդ չիմ տալի՛...(*Վեր է թռչում տեղից.*) Չէ՛, չէ՛, էփեմիեն դրուստ է ասում... Պիտի յի՛ս բղավիմ, յի՛ս պիտի հարայի տամ, աշխարք ու յիրգիր զարթեցնիմ, վուր ինձ՝ ի՛նձ պես աղա մարթուն էնենց անպատիվ արին, էնենց շառիր ին զցում վրես...Մո՛ւլափ, ես քիզ կու շանց տամ, լո՛թի պաժարնի:

Դուրս է գնում ձախ դռնից:

ԱՐԱՐՎԱԾ ԵՐՐՈՐԴ

Առաջին արարվածի սենյակը, միևնույն ձևով կահավորված և դամբը թոկի վրա փռած: Առավոտ է:

ՏԵՍԻԼ ԱՌԱՋԻՆ

ԿԵԿԵԼ, *մենակ, տախտի վրա նստած, լուռ կարում է, ապա մութաքի վրա դրած կարի բոխչից վերցնելով մի կտո՛ր, շարունակում է կարը և հետն էլ երգում:*

«Սիրելիդ, ինձ ատել ես,
Ատել ես, նախատել ես,
Ջիգարըս կտրատել ես,
Արնաշաղաղ ես արել»:

(*Աչքերը սրբում է:*)

«Ինձ տեսնելիս տո՛ւր բարով,
Խորհուրդ ասա գրով»:

(*Լացի ձայնով:*)

«Ինձ խո մորթել չես սրով՝
Անսուր մատաղ ես արել»:
(*Կարը թողնելով լաց է լինում:*)

Ա՛խ, Աստո՛ւձ, ես էլ կուսիմ թե աթմորթի իմ... Ի՞նչի ստիղծեցիր ինձ, ինչա՞ցու իմ աշխրքումը, անմիղ գեղնի էրեսին տիղ իմ բռնում...Էն ուփրո լավ չի ըլի՞, վուր գեղնի տակն ըլիմ ու գերեզմանս վուտի տակը կոխչրտո՛ւմ ըլի՛ն... Ի՞նչի չիս սպանում ինձ Աստո՛ւձ... Դուն խո լավ գիդիս, վուր մահն ուփրու հեշտ է ինձ համա, կանց շունչ քաշիլը: (*Լռություն:*) Ջուրը ընգնի՞մ, թոկով խիխտվի՞մ, դանակ ցցի՞մ սրտո՞ւմս, ի՞նչ ջուղաբ տամ քիզ... (*Լաց է լինում:*) Աստո՛ւձ, Աստո՛ւձ, յա՛ կեծակ վեր գցե գլխիս, յա՛ կարմնջի վրա անցկենալիս կարմունջը փո՛ւլ ածա վուտիս տակը, յա՛ գեղնին ման գալիս, գեղինը պա՛տռե ու ինձ դե՛վեր տար...

Լաց է լինում:

ՏԵՍԻԼ Բ

ՆԱ, ՇՈՒՇԱՆ

ՇՈՒՇԱՆ, *ներս մտնելով ձախ դռնից:*

Էլի՛ լա՛ց իս ըլում, Կեկե՛լ:

ԿԵԿԵԼ, *աչքերը սրբելով:*

Ջարթնի լացը՝ ի՞նչ է մնացի ինձ, դեդի... Էս արտըսունքն էլ վուր չըլի տվի Աստո՛ւձ, սիրտս ի՞նչով հովցնիմ:

Կարը գցում է տախտի վրա:

ՇՈՒՇԱՆ

Ախար, է՛տղդա արտըսունք կուլի, վուրթի՛, խո քամվեցար իստակ:

ԿԵԿԵԼ

Բաս ի՞նչ անիմ, դոշիս հենց գիդիմ աղաքար է պառկած...

էս արտաասուքն է ինձ օկտո՛ւմ մե քիչ, թե չէ դարդու խիխտվում իմ:

ՇՈՒՇԱՆ

Դարդ ցավի գա ու Աստձու պատիժի էն սիվսրտո՛վը: Աժե, վուր էտղադա դարդ իս անում նրա համա:

ԿԵԿԵԼ

Աշխրքումը բեդնամ էլա, գլուխս դուս կտրվեցավ, էլ տո՛լի ու սծորի էրեսին չիմ կանացի մտիկ տա, էս ապրի՛լ է:

ՇՈՒՇԱՆ, *նստելով Կեկելի մոտ աթոռի վրա:*

Մի՛ դարդ անի, Կեկել ջան,մի՛ դարդ անի, Աստո՛ւձ օղորմած է, կուլի նրա վրա լավ մարթու է ռաստ բերում քիզ:

ԿԵԿԵԼ

Մարթու աճկն էլ կարիմ, նրանք խճպտա՛նք ունի՛ն, նրանք հոքի ունի՛ն... Ինձ պաչ արավ ու իմ պաչը տարավ ո՛ւրիշին էրիտ... (*Գլխին խփելով:*) Գեղինը պատռե ու ինձ դեվեր տանե: Էլ յիս յիրգնքի էրես վո՞ւնց պիտի տեսնիմ:

ՇՈՒՇԱՆ

Աբա՛, դուն վուր էտո՛ւնքիս անում, Կեկե՛լ, յիս ի՞նչ անիմ... (*Լաց լինելով:*) Միխկ չի՞մ, բաս յիս վո՞ւնց դիմնամ՝ իմ սիվ ու մութ օրին մե կուռը, քիզ մեկելին... Էտ հանգի օրինակներ շատ է էլի՛, վուրթի մենակ միզ համա խո չէ ստեղծած աշխարքը: Քանի՛ միզպեսնիրը կան, քանի՛ միզ վրա վատթարն ասա, հացի հասրաթ ածած ին, մե թիքա հացին էրնեկ ին տալի, դռնե դուռը ախկտո՛ւթին անում ու էն թիքա հացը՝ թե հազրենի մեկ տալիս է, մնացածնիրը կի՛նծումը խփելով դուս ին անում... Միզ խո Աստո՛ւձ մե թիքա տվիլ է, փառք իրան, ի՞նչ անիս, հալբաթ միր ճակտին էս էր գրած: Էլի՛ փառք տանք իրան, աղաչանք անինք, վուր էստո՛ւ վրա վատթար օրին չռաստ բերե միզ, իմ Պեպոյին ջան տա, վուր ինչ թիքա միզ տալիս է, նրա ձեռով, էն թիքեմեն էլ չզրգե միզ:

ԿԵԿԵԼ

Էրնեկ Աստո՛ւձ ինձ մա՛հ տա, ուրիշ վունչիչ չիմ ուզում:

ՇՈՒՇԱՆ, *մոտենալով և գրկելով Կեկելին:*

Մի՛ ասի, մի՛ ասի, Կեկել ջան, (*Նստելով կողքին:*) միխկ է Աստձու մող, գենացվալուս դեդեն:

ԿԵԿԵԼ, *Շուշանի գրկում:*

Ա՛խ, դեդի ջան...

Լուռ լաց են լինում: Պատկեր:

ՏԵՍԻԼ Գ

ՆՐԱՆՔ, ԳԻՔՈ

ԳԻՔՈ, *ներս մտնելով դիմացի դռնից գլխարկով և ձեռնափայտո՛վ:*

Վա՜, օ՛խնած հոքիք, զարթնի էտ` բան ու գուրձ չո՞ւնիք:

ՇՈՒՇԱՆ, *թողնելով Կեկելին, կանգնում է:*

Ուրիշ ի՞նչ բան ու գուրձ պիտի ունենանք, թե գուզիս դուն ծափ տո՛ւ, մինք խաղանք:

ԿԵԿԵԼ, *վերցնելով կարը:*

Վա՛յ իմ օրին...

Աչքերը սրբելով՝ շտապով դուրս է գնում աջ դռնից: Կարի կիսաբաց բոխչան մնում է մութաքի վրա:

ՏԵՍԻԼ Դ

ՇՈՒՇԱՆ, ԳԻՔՈ

ԳԻՔՈ

Է՛, լա՛վ է, ձիր հորն օղորմի, աթմորթին էլ մե քիչ համփիրութին պիտի ունենա: Ախար, մե գլուխ դիփ լացիք ըլում, խան մեկն ու խան մեկելը, էտենց վո՞ւնց կուլի:

ՇՈՒՇԱՆ, *նստելով տախտի վրա:*

Ի՞նչ անիս, ի՛նչ միր գլխին բան էկավ, Աստո՛ւձ միր դուշմնին էլ չտա:

ԳԻՔՈ

Աստձու բանը դուն չի՛ս գիդի, Շուշան, ուրիշ հանգն է սարքի աշխարքը, ուրախութենի հիդ դարդ է տալի մարթու ու դարդի էդնեն ուրախութին...(*Առաջ քաշելով աթոռը՝ նստո՛ւմ է տախտից փոքր ի՞նչ հեռու և քթախոտ քաշում:*) Հը՛մ, է՛... (*Երկու ձեռքի ցուցամատները միմյանց կպցնելով:*) էսենց է, ա՛յ, քուր ու ախպեր: Վունց քուր ու ախպեր մեկսմեկմեն չին բաժնվի, էնենց էլ ուրախութինն ու տխրութինը:

ՇՈՒՇԱՆ, *առանձին:*

Քու ա՛ճկն էլ:

ԳԻՔՈ

Շա՛տ լավ է շինի, է՜... Ասում է մարթուն՝ էս քիզ ուրախութին, գնա՛, քե՛փ արա, ասում է, իժում էն քեփումը մեկ էլ տեսնիս մի դարդ է լուս զցում միզ համա, վուր ինչ է՝ հըը՛... Իրան չմտեն զցինք... Գոհանա՛մ քիզ, Աստո՛ւձ:

ՇՈՒՇԱՆ

Էրնեկ գիդենամ՝ բա՞ դրոս քարոզի վուխտ է:

ԳԻՔՈ

Մո՛ւլափ, Շուշան, մո՛ւլափ, ախար դուն չիս գիդի թե խոսկս վո՛ւրդի է գալի, է՛: Ինձի ինձ էրվում իմ, խորվվում իմ, ամա էլ ի՞նչ կանամ օտկի: Մեկ փիքր իմ անում, վուր կուլի դժուխկը գնամ, ամա մեկ էլ ասում իմ, վուր հալբաթ էս Աստձու բան էր: Հիմի գուզիք ինձ սպանեցեք, գուզիք Աստձուն փա՛ռք տվեք, վուր հոքիս բերնումս է ու խոսում իմ:

ՇՈՒՇԱՆ

Վախտ իս զթի դուն էլ, առանց էն էլ դարդու տրաքվում իմ:

ԳԻՔՈ

Ցիս էլ էտ իմ ասում, Շուշան, է՛: Տի՛ս հիմի, էտ դարդի հիդ ի՛նչ ուրախութին է գալի: (*Շուշանը զարմացած նայում է:*) Զարմնում իս, զանա, Շուշան: Վուրն էն չախը թամաշա արա յիփոր դիփ կոսիմ: (*Գրպանից հանում է փոստի մի կապտագույն բաց ծրար, որի վրա երևում են կարմիր զմռե կնիքներ, և աջ ձեռքով բարձրացնելով:*) Ա՛յ:

ՇՈՒՇԱՆ

Էտ ի՞նչ է:

ԳԻՔՈ

Ինչ է՛...է՛ն է, է՛ն, Շուշան:

ՇՈՒՇԱՆ

Վուր չիմ իմանո՛ւմ:

ԳԻՔՈ

Ա՛յ, կու իմանաս, համփրութինը բաժնելիս Աստո՛ւձ քիչ փային կնիկարմատին էրիտ: Հիմի ի՛նչ համփրութին տվիլ է քիզ Աստո՛ւձ, դիփ մետի մո՛դ արա ու ծանդր ու բարակ ինձ անգաճ դի, վուր լիզուս չխառնվի:

ՇՈՒՇԱՆ, *առանձին*:

Յա՛րաբ էս հանգի էլ մա՛րթ կուլի՛:

ԳԻՔՈ, *շարունակելով*:

Գիդիս ի՞նչ է Շուշան... Օղորմած հոքի քու մարթը՛...

ՇՈՒՇԱՆ, երկար ու ձիգ կոկորդային ձայնարկությամբ հառաչելով:

Ը՛հը՛հ...

ԳԻՔՈ, *գրպանից թաշկինակը հանում է և աչքերը սրբում: Լացի ձայնով:*

Աստո՛ւձ օղորմի,Աստո՛ւձ հոքին լուսավորէ, լավ մարթ էր, անումով մարթ էր խիղճը: Քանի՛ ջեր է ձիով Գանջա գնացի ու էկի ողորմած հոքին:

ՇՈՒՇԱՆ, հոզոց հանելով:

Ա՛խ, ա՛խ, ա՛խ...

ԳԻՔՈ

Է՛հ՛ փուչ աշխար, Շուշան:

ՇՈՒՇԱՆ

Իժո՞ւմ:

ԳԻՔՈ

Հա՛... (*Դադար։*) Մահեմեն մե քանի օր առաջ, ես խոմ դիփ կշտին էի, գիդիս, օթախի դռները կոխպիլ էրիտ, մնացինք յիս ու օղորմած հոքին...

Աչքերը սրբում է։

ՇՈՒՇԱՆ, տխուր։

Մի՛տս է։

ԳԻՔՈ, *ձեռքով իր բերանը ծածկելով։*

Մո՛ւլափ... Ջիբեմեն բալնիքները հանից ու էն ձիր սիվ պստի դո՛ւթին ուզից, ես էլ մոդ տարա, սա բաց արավ, էս թուխտը հանից ու ինձ երիտ։ Անդերձ արավ, վուր ինչրու վիրչի ժամանակը վո՛ւնց քիզ իմաց անիմ, վո՛ւնց Պեպոյին։ Պեպոս ասում է, ջհել է, կոսե վայ թե փչացնե, կոսե, ու իմ Շուշանը կնիկարմատ է, կոսե, վայ թե Պեպոյի ճանգը զցե կոսե։ Ինչու վուխտը չգա, կոսե, վունց մեկին մի ասի, թե դուն ունիս, կոսե։ (*Ծրարից հանում է մի ծալած սպիտակ հին թուղթ և, մատնացույց անելով, լացի ձայնով ու բարձր։*) Իմ Կեկելի բաժինքը էստո՛ւմն է, կոսե։

ՇՈՒՇԱՆ, *վեր թռչելով։*

Էտ ի՞նչ թուղթ է, զանա։

ԳԻՔՈ

Ի՛նչ թո՛ւղթ... Արութինի բարաթը։

ՇՈՒՇԱՆ, *մոտ վազելով։*

Ի՞նչս ասում, Գիքո... (*Խլելով թուղթը ձեռքից։*) Ուզում իս հոքիս հանի՛։ (*Բաց է անում թուղթը և ճանաչում Արութինի պարտամուրհակը։*) Է՛ս է... Օտկեցե՛ք... սիրտս զնաց... (*Գնում է իր տեղը վայր ընկնում։ Զարմացած նայում են միմյանց, երկար լռություն։*) կինաղամ մեռա... Իժում, անաստո՛ւձ ինչրու հիմի ո՞ւր էիր պահում. Կեկելիս սպանեցիր ու հիմի՞...

ԳԻՔՈ

Ցիս միղ չունիմ, Շուշան, գիդե Աստո՛ւձ. որ միղ չունիմ:

ՇՈՒՇԱՆ, *շտապելով*:

Ա՛յ, Աստո՛ւձ անե քո դիվանն ու դաղաստանը: Է՛տենց կատարեցիր անղերձը՛:

ԳԻՔՈ

Ախար, մի անզաձ դի, է՛...

ՇՈՒՇԱՆ, *խոսքը կտրելով*:

Անզաձ ցավի զաս ու Աստձու պատժի. էս օ՞րենք է, վուր դուն արի՛ր:

ԳԻՔՈ

Ախա՛ր, Շուշան...

ՇՈՒՇԱՆ, անդադար Գիքոյի խոսքը կտրում է մինչև նրա վեր կենալը:

Ախար քիզ ու... (*Առանձին:*) չոռ ու ցավ: (*Գիքոյին:*) Լո՛բի:

ԳԻՔՈ

Փի՛ե...

ՇՈՒՇԱՆ

Ախար, ինչի՞ պահեցիր, ինչի՞, ինչրի էսօր: Քու Աստձուն ի՞նչ իս ասում, քու հոքուն ի՞նչ ջուղաբ կու տաս:

ԳԻՔՈ

Տո՛, մե անզաձ դի, է՛...

ՇՈՒՇԱՆ

Աբա՛, ա՛սա, է՛լի:

ԳԻՔՈ

Ա՛յ, Շուշան:

ՇՈՒՇԱՆ, *շարունակելով*:

Ա՛սա, ա՛սա:

ԳԻՔՈ

Օ՛, օվ է:

ՇՈՒՇԱՆ

Տեսնիմ ի՛նչ իս ասում:

ԳԻՔՈ

Ախար...

ՇՈՒՇԱՆ

Մե տուտուց բան պիտի ասիս, էլի՛:

ԳԻՔՈ

Տո՛, խոսքս բերնեմես մի՛ խլի, է՛...

.

ՇՈՒՇԱՆ

Աստծու ղազաբի գաս, հը՛:

ԳԻՔՈ, *վեր կենալով և գլխարկը թափ տալով*:

Էլ վունչիչ չիմ գիդի... (*Գնալով*:) Կնիկարմատի պես էլ անղնջո՛ւմ:

ՇՈՒՇԱՆ, *բարձր*:

Մո՛ւլափ, մո՛ւլափ... (*Կանչում է*:) Գի՛քո:

ԳԻՔՈ, *հետ դառնալով*:

Ախար, օխնախ հոքի, մի քիչ համփերութին ունեցի, ասում իմ, է՛: Ցիս խիստ ուրախ ի՞մ, վուր էսենց էլավ բանը՛, ամա Աստծու դարսողութենին վո՞ւնց հակառակվի մարթ...(*Նստո՛ւմ է միննույն տեղը և քթախոտ քաշում:*)Հը՛մ...

ՇՈՒՇԱՆ, *առանձին:*

Կրի՛մ քու գլուխն, քաhա՛:

ԳԻՔՈ, *քիթը սրբում է:*

Չիս գիդի, թե ի՛նչ օյին էկավ գլուխս:

ՇՈՒՇԱՆ

Էլ մի ծրծռեցնի, թե քու Աստո՛ւծ կու սիրիս:

Մուրհակը գցում է տախտի վրա:

ԳԻՔՈ

Չէ՛, ա՛յ էս սհաթիս, քիչ է մնացի... էտ բարաթը վուր տալիս էր օղորմած հոքին, շատ ասի, թե իմ բանը չէ, էտ հանգի ծանդր բիռն, ասի էլ դնջութին չիմ կանա ունենա, ասի, ամա չարավ... Հալալ մարթ իս, Գիքո, կոսե, (*Լացի ձայնով:*) զարթնի քիզ ճար չունիմ, կոսե: Է՛հ չարես ի՞նչ էր, դուն ինձ ասա՛, վիկալա բարաթն ու մե յիրիք-չորս օրվան էդեն հոքին էտիր խիղճը... Աստո՛ւծ հոքին լուսավորե (*Աչքերը սրբելով և լաց լինելով:*) բարեխոս ըլի իր Կեկելի համա:

ՇՈՒՇԱՆ, *աչքերը սրբելով, երկար հոգվոց է անում:*

Ը՛հ, հ՛ը, հ՛ը, հ՛ը...

ԳԻՔՈ

Է՛հ, մա՛խլաս, դիփ մահի վուրթիք ինք... վո՞ւրդի էի՛:

ՇՈՒՇԱՆ

Վուր բարաթն էրիտ ջրատարը:

ԳԻՔՈ

Հա՛, էրիտ... Առա, տարա տո՛ւն, պահեցի... Մե-մե մարթ կա խազինա է պահում, յարաբ նրա քունը վունց է տանում գիշերով... Պահեցի... Հին սիգելնիր ունեի Էրեկլե -Պարնի վախտվա... Ցիս խո զարթնի մե քոխին ուրիշ վունչիչ չունիմ, ամա էնենց պահում էի էն սիգելնիրը, մարթու խանդիխան կարթացնիլ էի տալի, դուր էր գալի խոսկիրը... Դուն չիս տեսի, Շուշան... Զե՛ր Աստձու անումն է գլխին գրած, իժում Քրիստո՛ւսինը, իժում Հոգի Սուրբը, գալիս է, աղա ջան, իժում ավետարանիչնիրը, սրփիրը, դի՛փ մե-մեկ, մե-մեկ է՛նղադա օրհնանք, է՛նղադա բանիր... է՛հ, գնա՛ց դիփ մետի... Հա՛յիփ, հա՛յիփ միր ժամանակ...

ՇՈՒՇԱՆ

Էտ խի՛ստ հիռու գնացիր, Գիքո:

ԳԻՔՈ

Հեռու կի չէ, խի՛ստ մոդկացա... Ախար հենց էն սիգելներումը պահեցի էտ բարաթն, է՛: Կապեցի, դրի զանդիկիս քունջը, բալնիքն էլ ջիբեմե չէի հիռացնում: Ամիս չէր անց կենա, վուր մե էրկու ջէր զանդուկս չէի բաց արի ու կապուցկս չէի տնդղի: Ամանաթի պես դժար վունրիր չկա աշխրքումը: Աստո՛ւձ, Աստո՛ւձ էի անում վուր Կեկելի բախտը մե վախտի բաց ըլի, ու բաց էլ արավ խոմ Աստո՛ւձ... Մի օր էլ՝ բաց անիմ զանդուկս, տեսնիմ սաղ կապուցիկը չկա: Հա՛յ դես, հա՛յ դեն՝ չկա՛, չկա՛, չկա՛... Զարթնի էս՝ մի քանի հատ էլ հնուց, շատ հնուց, այ սի-փուղ ունեի, էն սի-փուղն էլ հիդը գում ու կլան է էլի՛, մեկել բանիրը կի զանդկումը իր տիղը անշարժ, սաղ սալամաթ դարսած է... Ախպեր, թե գող էկա՛վ, կանց հին գրոշներն էր տանում, թազա փո՛ղն էր տարի՛. էրկու թուման ավել դիփ թազա՝ Նիկալայի ղրղըղան մանիթներ ունեի, թե սատանա մտավ զանդուկս, էն վո՛ւնց տո՛ւն գնաց ու դուս էկավ, վուր մե տիղ ծակ չէ թող զանդկումը... թե չէ՝ զանդուկը կոխպած, բալնիքը ջիբումս, վո՞ւնց հանգավ էնդունք... Ի՜նչ իմ հալն էր, Շուշան, էն Աստո՛ւձ զիդե, մե օր հոքի ունիմ տալու... Գարի ասիս, յիս իմ զցիլ տվի, էփեմերդի ասիս, յիս իմ աղոթկ արի... Իշտահս կապվեցավ, քունս կոտրվեցավ, ջում-ջումի դառա... Էստի խո՝ քանի ձիզ տեսնում էի, քանի ձիր լացն ու սուքը իմանում էի, սիրտս կրա՛կ էր ննգնում:

Աչքերը սրբում է:

ՇՈՒՇԱՆ

Ախպր, էնդադա վուր հարց ու փուրց էինք անում, մե օր վո՞ւնց չկոտրվեցար, օխնած հոքի... Փարազի ասինք՝ անդերձը կապում էր քիզ էն գլխեն, իժում էլ է մե խոսկ մայինց կոսեիր, է՞:

ԳԻՔՈ

Է, Շուշան... Քանի ջեր ուզեցիլ իմ բաց անի է՛ս բանը, ամա իմ աիու չէի կամենում ասի, լիզուս չէր զորում, ի՞նչ անիս... Ա՛յ, էստո՛ւ առաջ էլ, էս մոդիկ ժուզն էր, քիչ էր մնում դիփմետի թամամ հիդ ասեի, դրուստ հենց, լիզվիս ծերին պտո՛ւտ էկավ, ամա փիս վախտի ռաստ էկա՝ Պեպոն խիստ ջգրած էր, էլ ջուրաթ չարի, բերենես չկանացի դուս թողնի... Վախեցա, չէ թե ինձ համա, Շուշա՛ն, ձիզ համա, զիդե Աստո՛ւձ, մե փրթոնա չընզնի էստի, ասի, իմքին չար բան չառաջանա ասի... (*Սաստիկ հուզված:*) Վիկալա էլի՛ ու սրտիս խուդուկը, ա՛խ ու վա՛խով, հաքի պես հիդ կուլ տվի... (*Դարձյալ աչքերը սրբում է, Շուշանը, առանձին, անհամբերություն է ցույց տալիս:*) Ամա չասիս, Շուշան, թե ձիր մեխկը կու տանեի, իմ աղաչանքը դիփ էն էր, վուր ի՞նչրու էս պարտկը չպրծնիմ, Աստո՛ւձ հոքիս չհանե... Պարծանքով չիմ ասում, Շուշան, Աստո՛ւձ զիդենա, քոխիս գրավ դիր ձիզ համա ու փուդերը էս երկու օրումը պիտի տան. ամա ի՞նչ փայիդա վուր իր վուխտը չը վրա հասավ...Հալբաթ էսենց պիտեր... Փա՛ռք քիզ, Աստո՛ւձ, փա՛ռք, մեռնիմ քու ամենակարող զորութենին:

ՇՈՒՇԱՆ

Իժում վո՞ւնց գթար, ախար, էս բարաթը:

ԳԻՔՈ

Վո՛ւնց գթա՛... Ցիս խո չգթա, Շուշան, իրան-իրան եկավ... Հիմա ասա թե վո՞ւնց:

ՇՈՒՇԱՆ, *առանձին*.

Վի՜հ... Հալի՛ց ու մաշից:

ԳԻՔՈ, *շարունակելով*.

Էս իմ սատանի սրուց քվիր տղե՛ն...

ՇՈՒՇԱՆ

Հիմի վուր Ռուսեթ է՞:

ԳԻՔՈ

Հա՛, հենց էն աղա-զադես: Մե օր, քանի ջեր էստի էր, շատ աղաչանք արավ, վուր էտ սիզելնիրն, ասում է, ինձ տո՛ւ, կոսե, իմ ուսումին պետկը զու քա, կոսե, չունքի հին բանիր է, կոսե: Քիզ դրուստն ասիմ, չտվի, ասի չպատռտե, դեն չածե, ասի: Ախար, թե թազա ուսում ին ստանում, հին բաները ի՞նչին է պետկ: Անց կացավ, գնաց... Գնալու վուխտը՛...

ՇՈՒՇԱՆ

Նրա գնալը մե յիրիք ամիս կուլի, գա՞նա:

ԳԻՔՈ

Հա՛, էտենց է: Սա, մի՛ ասի, բալնիքս ջիբենես կու հանե, յիս ո՞վ գիդե՝ ի՛նչ էրազումն էի էն չախը, աղավարի զանդուկս բաց կոնե, բալնիքը ջիբս կու դնե ու՝ հայդե՛... Արի ու հիմի դուն ինձ լո՛բի ասա, տեսնիմ թե ինձ վրա դոչաղի ձեռնեմեն ի՛նչ կու դուս գեր... Ախար, մարթու խոսկը կու իմանան ջեր, Շուշան, իժում ղնամիշ կոնին, թե ղնամիշ անելու է, թե չէ լոբին ի՞նչ անե, վուր ինձ լոբի իս ասում, Շուշան:

ՇՈՒՇԱՆ

Իժո՞ւմ:

ԳԻՔՈ

Իժո՛ւմ էլ էն, վուր էտ բարաթը փոշտո՛վ ղրգիլ է հիմի ու մե կարաբաղին էլ մասխարութիններ է գրի վրես... Քու սիգելնիրը, կոսե, Փռանգստուն ղրգեցի, կոսե, ու սի-փուղերու համա, ասում է, թե զուզիս՝ մե մեղալ կու ղրգին քիզ համա, կոսե, ու ես բարաթն էլ, ասում է հիդ քիզ փեշքաշ, ասում է... Գիրն էլ հորեսա էստո՛ւմն է, թե զուզիս... Ա՛յ...

Դանղաղ վեր կենալով, գնում է դեպի Շուշանը:

ՇՈՒՇԱՆ, *նույն միջոցին:*

Գեղինը պատռվի ու նրա սատանին դեվեր տանե, ըհը՛ա:

ԳԻՔՈ, *առաջարկելով ծրարը Շուշանին:*

Տի՛ս, թե սուտ իմ ասում: Մե դավի-դառաքա էլ էս փակեթի դուրսբերիլն էր էսօր, ջանս գնաց շատ դես ու դեն ընգնելեն:

ՇՈՒՇԱՆ

Տար, տար, ինձ հարկավոր չէ, էլի՛ քի պետկը գու քա, առանց էտ էլ ավտո՛ւմ իմ քիզ:

ԳԻՔՈ

Աբա՛, Շուշան, յիս ի՞նչ մեղ ունիմ:

ՇՈՒՇԱՆ

Կեկելս կի մեռնում է ու ի՞նչ անիմ թե միղ չունիս:

ԳԻՔՈ

Աստո՛ւձ օղորմած է, Շուշան, Աստո՛ւձ օղորմած է:

ՇՈՒՇԱՆ

Աստո՛ւծ միր աճկը հանից ու պրծավ, էլ ի՞նչ օղորմած է:

ԳԻՔՈ

Մի՛ ասի, Շուշան, մի՛ ասի, նրա դարսողութինը ոչով չի կանա իմանա... Հալբաթ նրա կամքն էսենց էր:

ՇՈՒՇԱՆ

Փառք իրան, ի՞նչ անինք:

ԳԻՔՈ, *նստելով նույն աթոռի վրա:*

Լավ մարթ վուր էլի՛ լ էր, խո փուղի համա չէր թողնի Կեկելին:

Ծրարը պահում է:

ՇՈՒՇԱՆ

Ցիս էլ միթամ էտ իմ ասում դիփ, ամա էլ ի՞նչ փայիդա, նամուսներուս կտրվեցավ, սիրաթներուս գնաց, աշխրքի համա դենո ու մասխարա ինք դառի: Էլ ո՞վ գուզե իմ Կեկելին... Խի՛ղճ իմ Կեկել...(*Լաց լինելով:*) նորչի արիվը փչանում է...

ԳԻՔՈ

Է՛, հե՛րիք արա, քու հորն օղորմի, Շուշան

ՇՈՒՇԱՆ, *լալով:*

Ա՛խ, Կեկել ջան, Կե՛կել...

ԳԻՔՈ, աչքերը սրբելով ու լացի ձայնով:

Օ՛հ, օ՛հ, օ՛հ, օ՛հ...

ՏԵՍԻԼ Ե

ՆՐԱՆՔ, ԿԱԿՈՒԼԻ

ԿԱԿՈՒԼԻ, *ներս մտնելով դիմացի դռնից.*

Է՛ստի մտիկ, քու պտռտելեմոն ջանսզնաց, դուն կի էստի ծանդր ու բարակ նստած իս:

ԳԻՔՈ

Հ՜ը, ի՞նչ խաբար է:

ԿԱԿՈՒԼԻ, *Գիքոյի կուռը բռնելով:*

Վի՛կաց, վի՛կաց, չուստ արա:

ՇՈՒՇԱՆ

Ի՞նչ է պատահի:

ԿԱԿՈՒԼԻ, *թողնելով Գիքոյին.*

Աստո՛ւձ վուչ գիդե խիղճ մարդու գլուխը:

ՇՈՒՇԱՆ, *վախեցած.*

Ի՞նչ է:

ԿԱԿՈՒԼԻ

Պեպոյին տարան էս օր առուտեհան:

ՇՈՒՇԱՆ

Ո՞ւր տարան, ի՞նչ իս ասում:

ԿԱԿՈՒԼԻ

Ա՛յ, էն դժուխկի մաշխալեն ինչոր զանզատ է տուն տարի:

ՇՈՒՇԱՆ

Ո՞վ, ի՞նչ զանգատ:

ԿԱԿՈՒԼԻ

Ա՛յ, էն շեյթան Արութինը, ձիզ վուր փուղ պարտ է. (*Կրծքին խփելով:)* Թե մե ճանգս ննգնի՜...

ՇՈՒՇԱՆ

Վո՜ւյ, քոռանամ ու կուրանամ յիս. իժում ի՞նչ կոնին Պեպոյիս:

ԿԱԿՈՒԼԻ

Ո՛վ գիդե, դեդի, ինչոր չանին միզ, արմնելուն էն է: (*Գիքոյին:*) Դե, մի ուշացնի, Գիքո, է՜, առուտվան դեմն է քիզիմ պտռտո՛ւմ, ավտաս չվրա հասնինք էլ:

ՇՈՒՇԱՆ

Փուղը նա է պարտ ու էլի՜ նա է զանգատ անո՞ւմ: Ա՛յ, հախմիան Տերն անե քու դադաստանը, Արութին (*Գիքոյին:)* Վի՛կաց, էլի՛, ա՛ մարթ, չիս իմանում: (*Մուրհակը վերցնելով և տալով Գիքոյին:*) Տա՛ր, տա՛ր էս բարաթը, սի՛վցրու նրա էրեսը:

Գիքոն առնում է մուրհակը և դնում գրպանը:

ԿԱԿՈՒԼԻ

Ի՞նչ բարաթ:

ՇՈՒՇԱՆ

Է՛ն սիվէրես ու սիվսրտով Արութինի բարաթը:

ԿԱԿՈՒԼԻ, *ուրախ:*

Ղո՞ւրթ... Գթա՞ք... (*Վեր թռչելով:*) Վա՛, յիս ձիր հոքուն մեռնիմ... Ա՛յ հրաշկ... Իժում էտ վո՞ւնց էլավ, վո՞ւնց գտնվեցավ:

ՇՈՒՇԱՆ

Ա՛յ, ճամփին կոսե:

ԿԱԿՈՒԼԻ

Սա զթա՞վ, սա՞...

ՇՈՒՇԱՆ

Հա՛, հա՛...

ԿԱԿՈՒԼԻ, փաթաթվելով Գիքոյին:

Չա՛րդ տանիմ յիս, Գիքո ջան, աբա լոթին դուն իս հիմի, ա՛յ հոքումս կու նստեցնիմ քիզ հորեսի դենը, իմ հերն իս դուն հիմի...

ԳԻՔՈ

Իմ տարսը դառնաս, վուրթի:

ԿԱԿՈՒԼԻ, *շտապով և ցածր*:

Սաղ ըլիս, Գիքո ջան... (*Բարձր*:) Դե՛, վի՛կաց, էլ մի՛ ուշացնի... Հը՛մ, Արութին (*կրծքին խփելով*), տեսնինք հիմի՝ ի՞նչ իս ասում, ի՞նչ իս էլի՛ մոզոնում...(*Գիքոյի թևից բռնելով:)* Աբա՛, Գիքո ջան, հը՛ա...

ՇՈՒՇԱՆ

Ա՛խ, Աստո՛ւձ, Աստո՛ւձ:

ԿԱԿՈՒԼԻ, *Շուշանին*:

Դարդ մի՛ անի, դեդի ջան, Աստո՛ւձ օղորմած է:

ՇՈՒՇԱՆ

Գնա՛ցեք, շտա՛պեցեք, վունչիչ չանին Պեպոյիս:

ԿԱԿՈՒԼԻ, *վեր քաշելով Գիքոյին*:

Վա, հեր օխնած միխած իս էտի:

ԳԻՔՈ, *վեր կենալով:*

Ա՛յ,զնանք,զնանք...(*Պատրաստվում է քթախոտ քաշելու:*)

Տեսնիմ թե վո՞ւնց է հաշա ուտում հիմի:

ԿԱԿՈՒԼԻ, *ձեռքից խլելով քթախոտի տո՛ւփը:*

Տո՛, արի ճամփին քաշե, է՛լի, վա՛:

Թնից բռնած շտապով տանում է:

ԳԻՔՈ, *զնալով:*

Ո՛ւհ, ո՛ւհ, ո՛ւհ...

ԿԱԿՈՒԼԻ, *փաթաթվելով:*

Էլ զահրուղթի չիմ ասի, քի մատաղ, Գիքո ջան:

Դուրս են զնում դիմացի դռնից:

ՏԵՍԻԼ Զ

ՇՈՒՇԱՆ, *հետո՛* ԿԵԿԵԼ

ՇՈՒՇԱՆ, մենակ, կանգնած:

Յա՛րաբ ի՞նչ իս ուզում միզմեն, Աստո՛ւծ, ի՞նչ զեթ ունիմ քի մոդ: Ջեր աճկս հանեցիր, մարթուս խլեցիր, իժում ախչկաս բախտը քար ու քանդ արիր, հիմի էլ ի՞նչ իս պատրաստո՛ւմ իմ սև ու մութ օրի համա: Խղճա, Աստո՛ւծ, խղճա, վունչիչ չիմ ուզում քիմեն՝ վո՛ւնց փառք, վո՛ւնց դովլաթ, վո՛ւնց պատիվ, օղոնդ էս դա՛ռն օրվան վրա ուփրո դառն օր չշանց տաս միզ: Դո՛ւն փրկե ու ազատե իմ Պեպոյին: (*Նահալու տակից շտապով հանում է ղաթիբան և բաց անելով, զնում է ու կանչում:*) Կե՛կել...(*Կեկելը կարը ձեռքին վշտաբեկ դուրս է գալիս աջ դռնից:*) Մե՛ արի, հենց ապրիս, էստի դռները կոխպե, համբուրելու իմ գնում էստի դեմուդեմը չուստ զու քամ:

ԿԵԿԵԼ

Է՛ս սիաթիս, դեղի ջան:

Շուշանը շտապով դուրս է գնում ձախ դռնից.

ՏԵՍԻԼ Է

ԿԵԿԵլ, *մենակ:*

Խի՛ղճ դեդա...(*Շտապով առաջ գալով դեպի տախտը:*) էլ վունց խեչն է միզ օտկում, վունց Աստո՛ւձ. (*Հավաքում, վերցնում է կարի բոխչան:*) Տանջվիլ ու տանջվիլ, էն գլխեն էս գլուխը էս է գրած միր ճակտին...

Կարը և բոխչան ձեռին դուրս է գնում ձախ դռնից:

ՏԵՍԻԼ Ը

ՊԵՊՈ, *մենակ: Ներս է մտնում դիմացի դռնից գլխարկով ու զարդի հագուստո՛վ:*

Է՛սենց էլ աշխա՛րք... (*Վերցնում է գլխարկը, աջ ձեռքի ցուցամատո՛վ ճակատի քրտինքը սրբում և գլխարկը կրկին ծածկում:*) Մարթ գլխմեն ինչրու վուտը դուրթ ըլի ու էլի՛ ինքը սուտ դուս գա: Պատժելու մազիեր ինքը պատժվի...

Գնա՛, գնա՛ հիմի, Պեպո, նստի բիրթումն ու լա՛վ բաբաթ փիքր արա աշխարքի բանիրը... Դու հալալութենի էդնեն ման արի, տեսնիմ՝ ի՞նչ է տալի քիզ քու հալալութինը... Մտիկ իս անում՝ սաղ քաղաքը գիլաներով լցվել է. ո՞վ է ասում քիզ, վուր օջխրի յիրիշով ման գաս... Չիս գիդի՞, վուր բուրթդ կու զզի՛ն... Քիզ ո՞վ էր ասում ձենդ բարձրացնիս. ո՞ւմ վրա իս ձենդ բարցրացնում, ի՞նչով... ի՛նչ կա ձեռիտ... Փո՛ղ ունիս ջիբումդ, խե՛լք ունիս գլխո՛ւմդ, ղալամ ունիս ձեռո՛ւմդ, ի՞նչ ունիս, ի՛նչ, տո՛ օղորմելի, վուր զառնի պես բառաչում իս... Չես գիդի՞, վուր զառնի վիրչը ղասաբխանեն է՛... Էն է քու բինեն, Պեպո, է՛ն... Գնա՛ պառկի, վուր բողազդ դուս կտրին... Մի՛ վախենա, մե դանկի մազիեր տասը դանակ կու լուս ննզնի քիզ համա:

Նստո՛ւմ է սեղանի մոտ աթոռի վրա և ընկղմվելով մտածմունքի մեջ՝ գլուխը շարժում:

ՏԵՍԻԼ Թ

ՆԱ, ԿԵԿԵԼ

ԿԵԿԵԼ, *ներս գալով ձախ դռնից.*
Էկա՞ր, Պեպո:

ՊԵՊՈ
Էկա ու զնում իմ. մե քանի վուխտ մնա՛ս բարով:

ԿԵԿԵԼ
Ո՞ւր իս զնում, ի՞նչս ասում:

ՊԵՊՈ, *հեզնորեն և ժպիտն երեսին։*

Տաք տիղ, մայինց մինք փետ չունինք ո՜ւ...

ԿԵԿԵԼ

Չիմ իմանում՝ ի՛նչս աասում։

ՊԵՊՈ, վեր կենալով։

Բերթն ին տանում ինձ, Կեկել։

ԿԵԿԵԼ, *վախեցած։*

Ի՞նչի։

ՊԵՊՈ, *սենյակի մեջտեղը մնացած աթոռը դնելով իր տեղը։*

Էնենց, խաթրիչուն։

ԿԵԿԵԼ

Վա՜, Պեպո ջան, ի՞նչ իս աասում։

ՊԵՊՈ

Հանաք չիմ անում, Կեկել, մի՛ վախենա, վունցոր ըլի յոլա կէիաք։ Ո՞ւր է դեղեն, տանը չէ՞։

ԿԵԿԵԼ

Էս սիաթիս զու քա. համբուրելու գնաց էստեղ մոդիկ։

ՊԵՊՈ

Խի՜ղճ դեղա...

ԿԵԿԵԼ

Ախար, մե դրուստ խոսի, Պեպո, է՜, բիրթումն ի՞նչ բան ունիս։

ՊԵՊՈ

Կունչիչ... (*Դառը ժպտալով։*) Շատ դամբ զցելեն կուռդ դաթրեցավ, կոսե, գնա՛ հիմի մե քիչ դնջացի, կոսե։

ԿԵԿԵԼ

Ա՜խ, Պեպո ջան, չիգարս մի՛ պատռտի, թավաթ էրած իմ ու խորված:

ՊԵՊՈ

Հինգ հազար էլ էրվիս ու խորովվիս, ո՞վ է հարցնում: Վճռած բան է, պիտի գնամ բերթը:

ԿԵԿԵԼ

Ինչի՞, ո՞ւմ խաթիր, ի՞նչ իս արի:

ՊԵՊՈ, *դառնորեն:*

Գուղութին:

ԿԵԿԵԼ

Դուն՝ գուղութի՜ն: Չէ՜, չէ՜, Պեպո, ասա՛՝ ի՞նչ բան է, խո հոքիս դուրս էկավ:

ՊԵՊՈ

Թո՛ղ դուս գա, իմն էլ հիդը, ումն ինչ կու պակսի. շատ հարկավոր է խալխին քու հոքին, յա իմը՛:

ԿԵԿԵԼ, *աչքերը սրբելով ու լացի ձայնով:*

Ա՜խ, Պեպո ջան, խո սպանեցիր ինձ:

ՊԵՊՈ

Սպանողը սպանեց, յիս ի՞նչ անիմ:

ԿԵԿԵԼ

Ո՞վ, ախար:

ՊԵՊՈ

Ո՞վ... Աղա Արութինը... (*Դառը ծիծաղում է:*) Հը՜, հը՜, հը՜...

ԿԵԿԵԼ

Ի՞նչի:

ՊԵՊՈ

Աստո՛ւծ վուչ գիդե նրա գլուխը... Իմ տանն ինձ անպատիվ արավ, կոսե. փուղ բախշեցի ու էրեսիս խփից, կոսե... Պստի բան չգիդենա՛ս, Կեկել, մինձ մարթու զեհին դիբչիլը: Ինձ պես խիղճ օղորմելին համարցակվի էն հանգի աղա մարթու ճակտին իմքին խփե՛... Հանաք բան է՛... (*Դառը ծիծաղով:*) Հը՛, հը՛, հը՛... (*Ձեռքերը բարձրացնելով*) Աստո՛ւծ, Աստո՛ւծ:

ԿԵԿԵԼ, *մոտենալով և փաթաթվելով Պեպոյին:*

Էտ խո ի՛մ խաթիր, ի՛մ խաթիր, Պեպո ջան. սիվցիլ էր իմ օրն ու ինձ պես բայղուշ քուր չէիր ունեցի: Ի՞նչ էիր ուզում ինձմեն, քեզ ո՞վ էր ասում, վուր էնենց մինձ մարթուն բեղամաղ անիս: Մայինց էսենց էր ու էսենց իմ բանը, էլ ցավիս վրա ցավ ո՞ւր էիր ավելցնում: Ի՞նչ անինք հիմի... Դեղեն վուր իմանա, ի՛նչ կոնե դաբմլա կու ննգնի խոմ:

Լաց է լինում:

ՊԵՊՈ

Դեղեն շատ ցավի է դիմցի, էստո՛ւրն էլ կու դիմնա:

ԿԵԿԵԼ, *լալով:*

Ա՛խ, Աստո՛ւծ, ի՞նչի բան-հոքի չիս անում ինձ էստի էվետ:

Գնում է ընկնում տախտի վրա ու լաց լինում:

ՊԵՊՈ, *մոտենալով Կեկելին:*

Հե՛րիք է, թե քու Աստո՛ւծ կու սիրիս: Խո տե՛սար, վուր լացն էլ վունչիչ չօտկից... (*Դեպի երկինք աղաղակելով:*) Է՛ս է քու դատաստանն, էլի՛, Աստո՛ւծ... Արութինը թալնե, Արութինը հաշա ուտե ու մինք տանջվի՛նք... նա խրխնջա ու մինք ա՛խ քաշի՛նք... նա քեփ անե ու զող անե ու մինք դառը-դառը լաց ըլնի՛նք...

Դուրս է գնում աջ դռնից:

ԿԵԿԵԼ, *լաց լինելով:*

Պեպո ջան, Պեպո ջան...

Դուրս է գնում Պեպոյի ետևից:

ՏԵՍԻԼ Ժ

ԱՐՈՒԹԻՆ, ԳԻՔՈ, *երկուսն էլ գլխարկով:*

ԳԻՔՈ, *ներս գալով դիմացի դռնից:*

Ա՛յ, թե սուտ իմ ասում:

ԱՐՈՒԹԻՆ, *հետևելով:*

Աբա՛, աբա՛:

ԳԻՔՈ, *առաջ գալով:*

Մո՛ւլափ, համեցեք նստի, մետերն էլ գա:

ԱՐՈՒԹԻՆ

Դիփ մեկ է, Գիքո, մե տեսնիմ թե էտ ի՞նչ թուխտ է:

ԳԻՔՈ

Ա՛յ, ի՛նչ թուխտ է, աղա Արութին: (*Ձեռքը գրպանն է տանում և հանում քթախոտի տո՛ւփը:*) Չէ՛, էս չէր, ամա դիփ մեկ է... (*Քաշում է:*) Հը՛մ... Ա՛յ, (*Պահում է քթախոտի տո՛ւփը և մուրհակը հանում:*) դուն մե քիչ հիռու կանգնի, աղա Արութին:

Ինքը հեռանում է դեպի տախտը:

ԱՐՈՒԹԻՆ

Վա՜, վա՞խենում իս, վուր չխլի՞մ. աշխարքն ալան թալան խո չէ՞:

ԳԻՔՈ

Չէ՛, չէ՛, աղա Արութին, էտ վո՞ւնց կոնիս, գա՞նա դուն է՛տ հանգի մարթ ի՞ս, ամա էս թախտը խիստ փաթերակավուր իմքին է: Ասում իմ ձեռդ չդիպչի:(*Բացանելով մուրհակը:*) Ա՜յ, տի՛ս (*Հեռվից ցույց տալով:*) էս է՞:

ԱՐՈՒԹԻՆ, *գլուխը մոտեցնելով մուրհակին:*

Աբա՛, աբա՛:

ԳԻՔՈ, *մատնացույց անելով:*

Վա՜, այ. «Չեմի վալիա, Արութին Ջիմզիմովի»:

Զարմանք: Տեսարան:

ԱՐՈՒԹԻՆ, *շփոթվելով և կակազելով:*

Էտ... էտ... (*Ձեռքը մեկնելով*) ի՛մ...ի՛մ...ձեռքն է՛:

ԳԻՔՈ, *մոտեցնելով մուրհակը:*

Բաս իմն է:

ԱՐՈՒԹԻՆ, *ճանաչելով մուրհակը, առանձին:*

Էս ի՞նչ երգնուց պատիժ էր...(*Ձեռքերը առաջ տանելով:*)Մի լավ տեսնիմ...

ԳԻՔՈ, *մուրհակը հեռացնելով:*

Մո՛ւլափ, աղա ջան, է՛: Ախար, էնդադա վուր ասում էի թե յիս վկա իմ, վուր պարտ իս, սո՛ւտ էի ասում, ամա վուր քու օխտեմեն չեկա, յիս ի՞նչ անիմ: (*Աղաղակելով:*) Գոհանա՛մ քու դաղաստանին, Աստո՛ւձ:

ԱՐՈՒԹԻՆ, *կամենալով մուրհակը խլել:*
Մի տեսնիմ, ասում իմ...

ԳԻՔՈ, *գրպանը դնելով մուրհակը:*
Է՛, աղա Արութին, ձե՛ռը վիկալ, քու հորն օղորմի: Ասում իմ վուր փաթերակի թուղթ է, է՛: Էս սիաթիս գու քա Պեպոն, Կակուլին մե նմուտո՛ւմը կու գթնե նրան: Դուն էստի մո՛ւլափ տո՛ւ, մե գնամ Շուշանին իմաց անիմ:

Ճանապարհից ետ նայելով Արութինին, դուրս է գնում ձախ դռնից:

ՏԵՍԻԼ ԺԱ

ԱՐՈՒԹԻՆ, *մենակ, երկար ժամանակ սառած կանգնած է, հետո՛ ուշքի գալով:*
Է՛ս հանգի էլ օյի՛ն... Շատ բան է էկի գլուխս, ամա էս թահարը չէ էլի՛... վո՞ւրդանց լուս ննգավ էս անիծած բարաթը... վո՞ւնց լուս ննգավ... էրազ է՛... Չէ, վո՞ւրդանցի էրազ է... Թէ էրազ է,(*Շուրջը նայելով:)* էստի ի՞նչ իմ շինում... Էս... Պեպոյի տո՛ւնը ու յիս... Արութին Զիմզիմովը էստի... Չէ՛, դրուստ Աստծու պատիժ է... Չելավ, էլի՛... Էնղադա բանիրը մարսեցի ու կուժը էս մեկի վրա է կոտրվում, էլի՛, էս էր վերջն էլի՛... խալխը վուր իմանա, ի՞նչ կոսին... Էլ ո՞վ կու ավտա ինձ... Ազահութինը աճկիրս կապեց, էլ սիվ ու սպիտակ չջոգեցի... Հենց էս սահաթիս էլ էնղադա խալխումն ասի...

վուր յիս վունչիչ պարտ չիմ, ասի: Հիմի գնա՛, սիվցավ էրեսդ... Ամո՛ւթ քիզ, Արութին, ամո՛ւթ քիզ, էս վո՞ւնց բերիր բանդ, վո՞ւնց: Չէ՛, ուրիշ չարա չկա, վունցոր ըլի պիտի էստի էվետ ազատիմ բարաթս... թեգուզ տաս թուման էլ գլուխ գնամ... թեգուզ քյան, թեգուզ յարսուն, թեգուզ մեկն էրկու... Իմ հախն է, թող ջանս դուս գա:

Ընկնում է աջ կողմի աթոռի վրա:

ՏԵՍԻԼ ԺԲ

ՆԱ, ՊԵՊՈ

ՊԵՊՈ, *ներս է գալիս աջ դռնից, առաջին արարվածի հասարակ հագուստո՛վ և գլխարկը ծածկած: Տեսնելով Արութինին, ապշում է:*

Վա՛, դուն էստի՞:

ԱՐՈՒԹԻՆ, *գլխարկը վերցնելով, դնում է սեղանի վրա:*

Հա՛, հենց յիս ի՞նչ իս արմընում:

ՊԵՊՈ

Գանա դուն ինքդ չիս արմընո՞ւմ, վուր է՛ստի ի՛ս, յիս վո՞ւնց չարմնամ... Մի ասա, ի՞նչ քամին է բերի քիզ էսթենը, յա ի՞նչ բարի հրիշտակ է մտի սրտո՛ւմդ, յա ի՞նչ չար սատանա բոթի քիզ դեսը:

ԱՐՈՒԹԻՆ

Ղոնաղի մոհբաթ չիս գիդացի, Պեպո:

ՊԵՊՈ

Դուն՝ իմ ղոնա՛ղ, էրեսդ խե՛չը հանե: Քիզ վրա մինձ դուշման չունիմ յիս աշխրքումը, ու դո՛ւն իմ ղոնա՛ղ:

ԱՐՈՒԹԻՆ

Նստի՛, հալա հենց ապրիս:

ՊԵՊՈ

Դուն նստած իս, էլի՛, յիս էսենց էլ լավ իմ: Մե ասա՛՝ ի՞նչ իս ուզում... Թե ձուգն առնելու իս էկի, յանղլիշ իս, (*Դառը ժպիտո՛վ և հեգնորեն:*) ղաղաղա է:

ԱՐՈՒԹԻՆ

Պեպա՛ն... ա՛րի, ախպեր, բարիշինք:

ՊԵՊՈ, *ծաղրելով:*

Օմքին խո չէ՞ աղոթի քիզ, ա՛ղա Արութին:

ԱՐՈՒԹԻՆ

Աղութիլ ին թե չին աղոթի, յիս քիզ ասում իմ, արի՛ բարիշինք:

ՊԵՊՈ

Իմ բարիշիլը ի՞նչիտ է հարկավուր, աղա Արութին, դուն մինձ մարթ, յիս մի խեղճ օղորմելի, դուն հարուստ, յիս աղկատ... (*Հեգնորեն:*) Վախենում իս, վուր իմ մազիեր քիզ չդրգին բիրթը՛, թե՞ ձոնիրդ դողում է ինձմեն:

ԱՐՈՒԹԻՆ

Տո՛, ես ուզում իմ քիզ լավութին անի:

ՊԵՊՈ

Ի՞նչ ձեռնեմետ էկավ, խո արիր. փուղ էիր պարտ՝ հաշա կերար, էկա տունդ՝ խնդրելու, տանետ դուս արիր, վիրչը բիրթն էլ իս դրգիլ տալի, ուրիշ ի՞նչ լավութին պիտի դուս գա ձեռնեմետ, աղա Արութին: Էկիլ իս վուր մասխարա զցիս ի՛նձ: Հե՛րիք է, հե՛րիք, պարուն... Գնա՛, գնա՛, Աստո՛ւձ փառք տո՛ւ, վուր իմ տանն իս ու իմ օձոքի տակն իս զթնըվում, թե չէ էս էրած սրտիս վրա էլ սաղ չէիր պրծնի իմ ձեռնեմեն: Միտտ է՞... խո միտտ է՝ ի՞նչ հանգի դուս արիր ինձ քու տանեմեն... Էն արարմունքը քիզ կու սազ գեր, քի՛զ, աղա Արութին: Ցիս քիզ խնդրում իմ, համեցեք գնա՛, ջափա քաշե՛, վի՛կաց, հորեւ կու տանին ինձ, վուխտ չկա, ուզում իմ մորս ու քվիրս բարովիմ:

ԱՐՈՒԹԻՆ

Տո՛, էտ բանը իմ ձեռին չէ՛. էլ չդրգիլ տամ քիզ բիրթը, ուրիշ ի՞նչ իս ուզում:

ՊԵՊՈՆ *զարմացած նայում է, իսկ դրսից լսվում է ԿԱԿՈՒԼՈՒ ձայնը*՝

Էկա՞վ:

ՏԵՍԻԼ ԺԳ

ՆՐԱՆՔ, ԳԻՔՈ, ԿԱԿՈՒԼԻ

ԳԻՔՈ, *դիմացի դռանը, Կակուլուն:*

Կորիլ ին, կորիլ, օչով չկա:

ԿԱԿՈՒԼԻ, *ներս գալով, Գիքոյին:*

Տո՛, այ Պեպան, ի՞նչ իս ասում:

ԱՐՈՒԹԻՆ, *տեսնելով Կակուլուն, առանձին:*

Էլի՛ էս պաժարնին:

ԳԻՔՈ, *ներս գալով:*

Էս վո՞ւնց էկար, Պեպան, վուր չտեսա: (*Ապութիինին:*) Ա՜յ, աղա Արութին, հիմի կու տա՜մ, (*Մատնացույց անելով Պեպոյին*) թե կոսե: Էտ դուն, էս սա:

ՊԵՊՈ

Էս ի՞նչ խաբար է, չիմ իմանում:

ԿԱԿՈՒԼԻ

Վա՜, աղա Արութինի մոդ դուն իս խոսում ու միզ իս հարցնո՜ւմ:

Գիքոն անցնում է բեմի ձախ կողմը:

ՊԵՊՈ

Մրա ասածը խո ուփրո չիմ իմանում: Էկել է՝ բարիշինք կոսե:

ԿԱԿՈՒԼԻ, *ծաղրելով:*

Հա... (*Հեգնորեն գլուխ տալով արութինին*) Բաս մե շնորհակալութին անինք:

ԱՐՈՒԹԻՆ, *առանձին, շփոթված:*

Մտի՜կ էս լրփին:

ԿԱԿՈՒԼԻ, *Պեպոյին:*

Տո՜, թե՞ ասում էիր, թե լավ մարթ չէ, կոսե, աղա Արութինը:

ԱՐՈՒԹԻՆ, *առանձին:*

Անսկամ:

ՊԵՊՈ, *ժպտալով:*

Ի՞նչ գիդիմ, խճպտանքը զարթիլ է:

Գիքոն շարժում է գլուխը:

ԿԱԿՈՒԼԻ, *Պեպոյին:*

Ինչում վո՞ւնց է բարիշում, կեսը տալիս է՞: (*Մոտենալով Արութինին*) Ցիս քու մարթ աստղին... (*Բռունցքը բարձրացնելով:*)Դե, հոքիտ պահ տո՛ւ ու սերթուկդ հանե:

ՊԵՊՈ

Կա՛կուլի, Կա՛կուլի:

ԳԻՔՈ, *Պեպոյին:*

Տո՛, բան-հոքի չանե:

ԿԱԿՈՒԼԻ, *Արութինին, ձախ ձեռքով բռնելով նրա օձիքից:*

Ը՛, քու...(*Աջու բռունցքը ցույց տալով*) Դե՛, գնա՛ հիմի՝ զանգատ արա...

ԱՐՈՒԹԻՆ

Տո՛, գժվիլ ի՞ս, է՛յ:

ՊԵՊՈ, *հեռացնելով Կակուլուն Արութինից:*

Մո՛ւլափ, Կակուլի, էտ մարթութին չէ:

ԱՐՈՒԹԻՆ, *չոքերը ուղղելով:*

Արի ու ձիզպեններուն լավութի՛ն արա:

ԿԱԿՈՒԼԻ, *Պեպոյի ձախ կողմը կանգնած, Արութինին:*

Լավութի՛ն...(*Պեպոյին:*) Ի՛նչ պտո՛ւղ է... Դիփ հոքու էղնեն է ման զալի, ա՛յ զա՛նա չիմ գիդի...(*Նայելով Արութինին, գլուխը շարժում է, հետո կրկին դառնալով Պեպոյին:*) Աբա բարաթը չէր լուսն ննգնի, տեսնիմ թե վո՛ւնց էր լավութին անում:

ՊԵՊՈ

Ի՞նչ բարաթ:

ԿԱԿՈՒԼԻ, *նույն դրությամբ:*

Վա՛ս, բաս ջեր չիս գիդի՞, ա՛յ, էս աղա պարնի բարաթը: (*Գնալով դեպի Գիքոն*)Տո՛, բի՛, է՛,(*Պեպոյին:*) էս սհաթիս ճամփին վուր իմացավ, ռանգ ու ռունգը գնաց խղճինը... Ուզում էի էնդի էվետ դրա ժամը դուսբերի, ամա վուխտը չէր, քու կուռն էի շտապում: (*Գիքոյին:*) Դե՛, չո՛ւստ արա՛, Գիքո ջան, է՛:

ԳԻՔՈ, *գրպանից հանելով մուրհակը:*

Մո՛ւլափ. Մո՛ւլափ, տիրուչը տամ:

Մուրհակը մոտեցնում է Պեպոյին:

ԿԱԿՈՒԼԻ, *մուրհակը խլելով Գիքոյի ձեռքից և տալով Պեպոյին:*

Վո՞ւնց է, վո՛ւնց, լոթին:

ՊԵՊՈ, *զննելով մուրհակը, հետզհետե զարմանում է: Տեսարան:*

Էս էրա՞զ է՛...

ԿԱԿՈՒԼԻ

Էրազ ու կես է:

ԳԻՔՈ

Ղո՛ւրթ վուր էրազ, Պեպո ջան: Չիս գիդի թե...

ԱՐՈՒԹԻՆ, *առանձին:*

Էսղադա էլ խայտառակութի՛ն:

ԿԱԿՈՒԼԻ, *մատնացույց անելով Գիքոյին:*

Սրան թե խոսեցրիր, Պեպո, օխտը դիվի հեքիաթի վրա էրգար է էտ բարաթի առակը:

ՊԵՊՈ

Ախար էս վո՞ւրդանց լուս ննգավ:

ԳԻՔՈ, *նստելով տախտակի վրա և պատրաստվելով պատմելու:*

Ա՛յ, Պեպան ջան, վունց էր:

ԿԱԿՈՒԼԻ, *Գիքոյի բերանը ձեռքով ծածկում է:*

Սո՛ւ, սո՛ւ, դուն սուս, Գիքո ջան... (*Պեպոյին:*) էտ վունցոր լուս ննգավ, իժում կոսինք. ամա դուն էտ աննստձուն թամաշա արա:

Արութինը սարսափելի դրության մեջ է:

ՊԵՊՈ, *թեթև նայում է Արութինին և իսկույն դարձնելով հայացքը մուրհակի վրա, վերցնում է գլխարկը և դեպի երկինք աղաղակում:*

Գոհանա՛մ քի, տե՛ր, դիփունի դադաստանի վրա քու դադաստանն է դուրթ... (*Գլխարկը ծածկելով, Գիքոյին*) Մի՛րտս իմանում էր ախար, է՜...

ԳԻՔՈ

Գիդե Աստո՛ւձ, վուր ես միդ չունիմ, Պեպո ջան...

Կակուլին ձեռքով իր բերանը ծածկելով, հորդորում է Գիքոյին լռել:

ՊԵՊՈ

Իմ բարի հրիշտաքն իս դուն էս սահաթիս, Գիքո ջան, ի՞նչս ասում:

Լուռ և անշարժ նայում է Արութինին երկար ժամանակ:

ԳԻՔՈ, *նույն միջոցին, ցածր ձայնով:*

Բարի հրիշտաքն ըլի քու քոմագը, վուրթի:

Երկար լռություն: Պատկեր:

ՊԵՊՈ, *ծանր մոտենում է Արութինին և մուրհակը ցույց տալիս:*

Էս կու ճանչնա՞ս, աղա Արութին...(*Երկար և լուռ նայելով երեսին, գլուխը շարժում է*) Հի՛մի իմ իմանում քու էստի գալը... Լա՛յիղ արիր, հա՛... Թե՛ կոսե վունչիչ պարտ չիմ, թե՛ վուր օրթում հավատ արիր, թե՛ վուր վուրթկերանցով օրթում կերար... Է՞տ է քու օրթումն, էլի՛. էտե՞նց իս ամեն օր օրթում ուտո՛ւմ, էլի՛, է՞տո՛վ իս աշխարքին խափում, էլի՛, է՞տ օրթումներով իս մող արի էտղադա փուղն, էլի՛... Ա՛յ, խոռ՛վ կենա քիզ քու օրթումնիրը. Ամեն մե քու օրթումը օ՛րթունք կտրվի ջանումտ ու ջանդ ծակծկվի, վուր հոքիտ յիրգնքի լուս տեսնե (*Ավելի մոտենալով:*) Չէ՛, չիս ամանչո՞ւմ... Խճպտանքը խո դարդակ քամի է քիզ համա:(*Մուրհակը նորից ցույց տալով:*) Է՛ս ի՞նչ է, ի՛նչ, էստո՛ւրն ի՞նչ կոսիս: Էստո՛ւմեն էլ չիս ամաչո՞ւմ, էս քու կոտրած ձեռով չիս գրի՛... Ասա չէ, էլի՛, ասա, քիզ համա խո հաշա ուտիլը հիշտ է... Ա՛յ, գե՛դինը մտնիս էտ քու պատվական շուրերով:

Արութինը սաստիկ շվարում է:

ԿԱԿՈՒԼԻ, *որ գտնվում է բեմի ձախ կողմը, գլխարկը վեր առնելով բացականչում է:*

Հա՛-ջան, հա՛-ջան, աղա Արութին... Թոքա՛, թե յիս ուզենամ քու տիղն ըլիմ:

ԳԻՔՈ, *վեր կենալով:*

Էս Շուշանն ի՞նչ էլավ:

Գլուխը շարժելով դուրս է գնում ձախ դռնից:

ՏԵՍԻԼ ԺԴ

ՆՐԱՆՔ, առանց ԳԻՔՈՅԻ

ԱՐՈՒԹԻՆ, *ուշքի գալով, Պեպոյին:*

Տո՛, ի՞նչ իս սարսաղ-սարսաղ դուս տալի, վուր միտս էր էլի՛, խո՞ կու տեհի, էլի՛...

ԿԱԿՈՒԼԻ, *ձեռքերը բարձրացնելով:*

Հը՛մ...

Ձեռքերը վայր թողնելով խփում է միմյանց և հետո՛ բթամատները քամարին հագցնում:

ՊԵՊՈ, *Արութինին:*

Միտդ, չէ՞ր... Խի՛ճ օղորմելի. յարաբ վո՞ւնց իս մե թիքա հաց ճարում ուտելու... Ո՞ւմն իս խափում, ո՛ւմը... Էս սհաթիս դատամերի մոդ հաշա կերար, վուր քու օրումն էլ ինձ վունչիչ չիս պարտեցի, վուր սուտ շառիր իմ մոգոնում յիս քիզ վրա, էս սհաթիս ձեռք քաշեցիր էստո՛ւ թխտիրը ու հի՞մի միտդ չէ՛ր... ու հի՞մի բարիշինք... Էղադա վուխտ չարչրեցիր, էղադա գլուխդ անիծիլ տվիր ու հի՞մի լավ մարթացար մեբա՛շ... Վախենում իս, հա՛, վախենում իս վուր աշխարքը չիմանա քու դալթաբանդութինը, հա՛, վախինում իս, վուր դատամերի մոդ էրեսդ չսիվնա, հա՛... Քու մտկումը, թո՛ղ միզ մոդ սիվնա մենակ, ի՞նչ հաջաթ, մինք անմիդ օմքնիր ինք, ով ինչ կու իմանա, օղոնդ խալխը չիմանա, օղոնդ քու ննգրտիքը չիմանան... (*Ձայնը փոխելով:*)Գնա՛, գնա՛, ասում իմ:

Կակուլին ազատելով ձեռքերը, սպառնալի կերպով շարժում է գլուխը և բռունցքը կրծքին խփում:

ԱՐՈՒԹԻՆ

Խո պրծա՞ր, ախպեր, ինչ ասելու ունեիր, խո ա՞սիր,

սիրտդ խո հի՞դ էկավ: Հիմի մե ի՛նձ լսե, յիս քիզ ասում իմ՝ փուղիրտ առ, բարաթս իս տո՛ւ ու քու բիրթը մոշլա անիմ էս սհաթիս:

ՊԵՊՈ

Կէհամ բիրթը, կէհամ, ես քու օղորմութինը չիմ ուզի, ու (*Մուրհակը ցույց տալով:*) էս փուղիրը առանց քու ասելու էլ կու առնիմ:

ԱՐՈՒԹԻՆ

Գժութին մի՛ անի, Պե՛պան: (*Ձեռքը ծոցը տանելով:*) Ա՛ռ էս փուղիրտ, ասում իմ: (*Պեպոն գլուխը շարժում է:*) Ա՛ռ, մե իմքին էլ ավելցնիմ. հը՛ ի՞նչ դադա... մե հինգ թուման ավելցնի՞մ... տա՞ս... քսա՞ն...

ՊԵՊՈ, *որ արհամարհանքով նայում էր Արութինին, դիմում է Կակուլին:*

Մտի՛կ իս անո՛ւմ, Կակուլի, մտի՛կ իս անում սրա՛ն, ինչրու հիմի գլուխկն էլ չէր տալի ու հիմի ավելացնում էլ է... է՛սենց ին, ա՛յ, դի՛փ էսենց ին, քանի օչով չի գիդի, հախն էլ ին կտրում ու եփոր վախենում ին՝ բանն աշքարանա, է՛սենց ին ժաժ գալի, ա՛յ, է՛սենց, վուր անումներուն չկոտրվի միթամ:

ԿԱԿՈՒԼԻ, *Պեպոյին, ցածր:*

Տո՛, ա՛ռ, աճկը հանե ու դրա ջիգրը (*Բռունցքը ցույց տալով:*) յիս գիդիմ, էտ դա՛լբի դուլաբինը:

ՊԵՊՈ, *շարունակելով, Արութինին:*

Յիս քու բախշիշը չիմ ուզում, ա՛դա Արութին, տար ա՛ճկդ դի, ամա ա՛ճկդ կու հանիմ ու գլուխըդ, վուրդիոր ինձ էս սհաթիս ստեցիր, է՛նդի կու առնիմ, է՛նդի թող դիփունքը ճանչենան՝ ի՛նչ մարթ էլ իս, թո՛ղ դիփունքն իմանան քու արարմունքը: Էստո՛ւ համա բիրթը կի չէ, թեգուզ հո՛ւրումը կու նստիմ, հո,ւրումը:

ԿԱԿՈՒԼԻ, *Պեպոյին:*

Ը՜, յիս քու խելքին ի՛նչ ասիմ:

ԱՐՈՒԹԻՆ

Բռնէ՛, իսուն թուման ավելցնիմ:

ԿԱԿՈՒԼԻ, *մոտենալով Արութինին:*

Բի՜, յիս բարիշեցնիմ:

ՊԵՊՈ, *Կակուլուն հետ մղելով:*

Քու բանը չէ, Կակուլի:

ԿԱԿՈՒԼԻ, *հետ գնալով:*

Ա՛յ սարսա՜ղ:

Կրկին անցնում է բեմի ձախ կողմը:

ՏԵՍԻԼ ԺԵ

ՆՐԱՆՔ, ՇՈՒՇԱՆ, ԳԻՔՈ

ՇՈՒՇԱՆ, *ղաթիբայով դիմացի դռան շեմքում, Գիքոյին, որ հետևում է նրան:*

Վո՛ւյ, քոռանամ յիս, դուրթ իս ասո՞ւմ, Գիքո... (*Առաջ գալով և ղթիբն վերցնելով:*) Վո՞ւրդի է, վո՞ւրդի, միր հոքեհանը... Սա է՞...

Ղաթիբան գցում է տախտի մոտ դրած աթոռի վրա, իսկ Գիքոն գնում կանգնում է տախտի մոտ:

ՊԵՊՈ

Սա՛, սա՛, դեդի, այ մեր բախտավուրողը:

ՇՈՒՇԱՆ, Արութինին, շտապով:

Ա՛յ գեդինը պատռվի ու քիզ դեվեր տանե: Ի՞նչ իս ուզում մեզմեն, ի՛նչ... Փուղեներուս հաշա կերար, ախչկաս բողազը դուս կտրեցիր ու հիմի Պեպոյիս էլ բիրթն իս դրգիլ տալի՛, չիզր իս մտի միզ հի՛դ... ո՛ւզում իս վի՛ր ջնջի մի՛զ...

ԱՐՈՒԹԻՆ, *առանձին:*

Կարկուտ է անիծածը:

ՇՈՒՇԱՆ, *շարունակելով:*

Ա՛յ, վի՛ր ջնջվի քու անումը, քանդվի ու բրիշակ ըլի տո՛ւն ու տիղդ. քու անամութ կնգա սրտո՛ւմը ննգնի էն կրակը, ի՛նչ կրակ միր սիրտը գցեցիր:

ԿԱԿՈՒԼԻ, *առանձին և կիսաձայն:*

Ամի՛ն:

ՊԵՊՈ

Դե՛դի, դե՛դի...

Կեկելը ներս մտնելով աջ դռնից, դամբի մոտ, անկյունումը, լուռ լաց է լինում:

ՏԵՍԻԼ ԺԶ

ՆՐԱՆՔ, ԿԵԿԵԼ

ԱՐՈՒԹԻՆ, *Շուշանին։*

Խի՛լքի արի, խի՛լքի, ինչի՛ր իս ասում, դեղի։

ՇՈՒՇԱՆ, *շարունակում է, դառնալով մյուսներին։*

Ո՞ւր է, սիվցրիք, էրեսը, ո՞ւր է էն սիվ ու մութ բարաթը։(*Արութինին։*) Հի՞մի էլ կոսիս, վուր վունչիչ պարտ չիս մի՛զ։

ԱՐՈՒԹԻՆ

Պա՛րտ իմ, պա՛րտ իմ ու տալիս իմ, ուրիշ ի՞նչ իք ուզում։

ՇՈՒՇԱՆ

Բաս բիրթն էլ ո՞ւր իս դրգիլ տալի։

ԱՐՈՒԹԻՆ

Բի՛րթն էլ չղրգիլ տամ, փո՛ւղն էլ տամ, մե ի՛մքին էլ ավելացնիմ, ամա վուր չէ բարիշում, յիս ի՞նչ անիմ։

Շուշանը զարմացած նայում է։

ՊԵՊՈ, Արութինին։

Հի՞մի բարիշի՛նք, հիմի՛... (*Մոտենալով Կեկելին։*) Իժում սրան ի՞նչ իս ասում... (*Ձախ ձեռքով բռնում է Կեկելի աջ ձեռքը և առաջ բերում։*) սրա մող վո՞ւնց իս բարիշում։ Սաղ-սաղ գերեզմանը դրիր, օրն ու ումբրը խավրեցրիր, կինքը հառամ արիր, վո՞ւնց իս բարիշում սրա հիդ, վունց... Վո՞ւնց իս հիդ տալի սրան, ի՞նչ որ խլեցիր սրամեն, վո՛ւնց։ Քու վուխչ հարստո՛ւթինն էլ չի կանա լավցնի էն յարեն, ի՞նչ յարա բաց արիր դուն սրա սրտո՛ւմը... Գնա՛, գնա՛. էլ մինք բարիշելու վունչիչ չունինք։ Գնա՛, քանի սաղ իս աշխրքումը, սրա արտըսունքները մի՛տդ բի, վուր էգեբա էլ մեկելներուն չանիս, ի՛նչ սրան արիր:

ԿԵԿԵԼ, աշխատելով ազատել ձեռքը:

Թո՛ղ, Պեպան ջան, թո՛ղ... (*Պեպոն թողնում է նրա ձեռքը:*)Իրան սիվցրու իր բարաթը:

Անցնում է Պեպոյի աջ կողմը:

ԳԻՔՈ, *Պեպոյին:*

Տո՛, հաղիր բարիշիս:

ԿԱԿՈՒԼԻ, *Շուշանին:*

Ասա՛, դեդի, վուր բարիշի, հաղիր ավել է տալի:

ՇՈՒՇԱՆ

Իր աճկը դնե ավելին, թաք Պեպոյիս ձեռը չտա:

ԿԵԿԵԼ

Բարի՛շի, Պեպո ջան, բարի՛շի:

ԱՐՈՒԹԻՆ

Ա՛րի կոտրվի, Պեպան, բա՛րիշինք:

ՊԵՊՈ

Ա՛րի բարիշին, ա՛րի... Ա՛րի զնանք, վուրդիոր ինձ էս սահաթիս ստեցիր, արի մեկ էնդի էս բարաթը շանց տամ մե էրնա վուր սուտը յի՛ս չի՛մ, թեզուզ գլըխկեմեն էլ մե իմքին քիզ փեշքաշ... Ա՛րի, էլի՛, ա՛րի:

ՇՈՒՇԱՆ, *Արութինին:*

Գնա՛, զնա՛, վունցոր միր էրեսը սիվցրիլ իս, թո՛ղ հիմի քու էրեսը սիվնա:

ՊԵՊՈ

Ա՛րի, էլի՛:

ԱՐՈՒԹԻՆ

Էտ վուր ուզենամ, խո էդղադա էլ աղաչանք չիմ անի:

ՊԵՊՈ

Ը՛ը, գո՛ւղ, ավազա՛կ...

ԿԱԿՈՒԼԻ, *առանձին, կիսաձայն և կրծքին խփելով:*

Վո՛ւյ, մե՛... (*Դիմացի դուռը դրսից բախում են: Լռություն: Մոտենալով դռանը և փոքր ի՞նչ բաց անելով, որպես թեմեկի հետ խոսում է:*) Հա՛, էստի է: (*Առաջ վազելով Պեպոյին:*) Տո՛, գժվիլ ի՞ս, քութահ արա, պրիստավն է:

ԿԵԿԵԼ, ՊԵՊՈ, ՇՈՒՇԱՆ, *միասին:*

Պրիստավը՛:

ԳԻՔՈ

Պրիստավը՛:

Պատկեր

ԱՐՈՒԹԻՆ

Իս տո՛ւ բարաթս, Պեպան, թե չէ բիրթն ին տանում:

ՊԵՊՈ

Հաջաթ չէ, կէհամ բիրթը, կու նստիմ, էնդի խո չիմ մեռնի...Մե օր կու ազատվիմ ախար, էլի՛ վաղեն հիռու չէ... Շատին իս խափի էսենց, շատի գլխին իս օյին էկի էսենց, շատի բողազն իս դուււ կտրի էսենց, ու յիս Պեպոն չիմ ըլի, թե դիփունանց ջիգրը չիմ հանի... Սաղ աշխրքումը էրեսդ մուր կու շինիմ... Մնաս բարով, դեդի... Մի՛ լաց ըլի, Կեկել, Աստո՛ւձ օղորմած է, խղճի ճակտին էսենց է գրած:

Կակուլին կամաց-կամաց գնում կանգնում է դամբի մոտ և հետզհետե սպառնալի դիրք ընդունում:

ԱՐՈՒԹԻՆ, *սաստիկ շփոթված և առանձին:*

Ի՞նչ անիմ հիմի:

ԿԵԿԵԼ, *փաթաթվելով Պեպոյին:*

Մի՛ գնա, Պեպո ջան, մի՛ գնա:

ՇՈՒՇԱՆ, *Պեպոյին մյուս կողմից:*

Ի՞նչ ես անում, Պեպո, իրան սիվցրու էտ սիվ ու մութ բարաթը:

ՊԵՊՈ

Իրան տամ, վուր սրա մա՛սխրեն դառնա՛մ... վուր խալխի աճկումը ո՛ւտ յիս էրևամ, դուրթը սա՛... բիրթի ահու գլուխս ծախի՛մ... Չէ՛, դեդի, էս բարաթը Աստո՛ւծ թուր է դեվեր դրգի ինձ համա... էստո՛վ պիտի կտրիմ յիս դրա գլուխը... Քա՛նի քի պեսնիրն ին էրվում սրա ձեռնեմեն, քա՛նի (*Մատնացույց անելով Կեկելին:*) սրա պիսնիրն ին լաց ըլում, քա՛նի ինձ պեսնիրն ին տանջվում... Մեկն էլ է չի՞մաց անե աշխրքին սրա արարմունքը, մեկն էլ է հարայի չկամենա տա՞, վուր էս մարթը, վուրին դիփունքը գլուխ ին տալի, դիփունքը հարգում ին, դիփունքը մինձացնում, փառավուրում ու յիրգի՛նք բարձրացնում... սա էն մարթն է, վուրի համա վունչի՞նչ բան սուրփ չկա աշխարքումը... Հիմի լաց ըլեք ի՞նչ դաղա գուզիք... Խղճի լացը հալբաթ էնդուր է ստեղծի Աստո՛ւծ, վուր հարուստի արարմունքը լվացվի: (*Դուրը կրկին բախում են:*) Մնաք բարով:

Դուրս է գնում դիմացի դռնից:

ՏԵՍԻԼ ԺԷ

ՆՐԱՆՔ, *առանց Պեպոյի*

ՇՈՒՇԱՆ, *լաց լինելով Պեպոյի ետևից:*
Պե՛պո, Պե՛պո...

ԿԵԿԵԼ, *նույնպես և նույն միջոցին:*
Պեպո ջա՛ն, Պեպո ջա՛ն...

Նետվելով դեպի տախտը, բերնքսիվայր ընկնում է մութաքի վրա և բարձրաձայն հեկեկալով լաց լինում մինչև վերջը:

ԱՐՈՒԹԻՆ, *սեղանի մոտ կանգնած երկու ձեռքով գլխին խփելով և առանձին:*
Էս ի՞նչ բան էկավ գլխիս:
Մնում է անշարժ:

ՇՈՒՇԱՆ, *Արութինին, ծառանալով իր ամբողջ բարձրությամբ:*
Ցի՛րգնային թաքավուրն անե քու դաղաստանը...

Դուրս է վազում Պեպոյի ետևից:

ՏԵՍԻԼ ԺԸ

ՆՐԱՆՔ, *առանց Շուշանի:*

ԳԻՔՈ, *Արութինին:*

Է՛ս էիր ուզում, էլի՛ հեր օխնած: (*Մոտենալով Կեկելին:*) Մի՛ լաց ըլի, Կեկել ջան, մի՛ լաց ըլի, Աստո՛ւձ օղորմած է:

Գլուխը քարշ գցած դեպի Կեկելը, նույնպես մնում է անշարժ:

ԿԱԿՈԻԼԻ, *մոտենալով Արութինին, ձախ ձեռքը կանթ արած, իսկ աջը վայր թողած:*

Հիմի, ա՛ղա Արութին, մնացինք յիս ու դո՛ւն...

Մնում են անշարժ: Պատկեր:Վարագույրն իջնում է կամաց-կամաց:

ՎԵՐՋ

www.ingramcontent.com/pod-product-compliance
Lightning Source LLC
Chambersburg PA
CBHW020023030726
47499CB00007B/2246
9781604448016